DtA-Publikationen zu Gründung und Mittelstand

Reihenherausgeber: Deutsche Ausgleichsbank (DtA)

Thomas Lechler · Hans G. Gemünden

Gründerteams

Chancen und Risiken für den Unternehmenserfolg

Unter Mitarbeit von Thilo Müller

Mit 14 Abbildungen und 30 Tabellen

Springer-Verlag
Berlin Heidelberg GmbH

Deutsche Ausgleichsbank
Wir fördern Zukunft

Reihenherausgeber:
DtA (Deutsche Ausgleichsbank)
Ludwig-Erhard-Platz 1–3
53179 Bonn
dtabonn@dta.de
www.dta.de

ISBN 978-3-642-63273-0

Die Deutsche Bibliothek – CIP-Einheitsaufnahme
Gründerteams: Chancen und Risiken für den Unternehmenserfolg / Thomas Lechler
und Hans G. Gemünden. – Heidelberg; New York: Physica-Verl., 2003
   (DtA-Publikationen zu Gründung und Mittelstand)
   ISBN 978-3-642-63273-0   ISBN 978-3-642-57482-5 (eBook)
   DOI 10.1007/978-3-642-57482-5

© Springer-Verlag Berlin Heidelberg 2003
Ursprunglich erschienen bei Physica-verlag Heidelberg 2003
Softcover reprint of the hardcover 1st edition 2003

Einbandgestaltung: Erich Kirchner, Heidelberg

SPIN 10874312   88/2202-5 4 3 2 1 0 – Gedruckt auf säurefreiem Papier

Geleitwort des Herausgebers

Seit mehr als 50 Jahren fördert die Deutsche Ausgleichsbank (DtA) Gründer und junge Unternehmer. Eine Vielzahl dieser Unternehmen wird von mehreren Inhabern gegründet oder nimmt im Verlauf des Bestands neue Inhaber hinzu. Mit zunehmender Spezialisierung und Technisierung einzelner Branchen haben Teamgründungen zusätzlich an Bedeutung gewonnen. So werden 50% der Portfolio-Unternehmen der Technologie-Beteiligungs-Gesellschaft (tbg) der DtA von zwei oder mehr Inhabern geleitet. Gerade für die Gründung und Führung eines technologieorientierten Unternehmens reicht das Know-how eines einzelnen Gründers heute kaum noch aus, um die fachlichen und kaufmännischen Herausforderungen zu bewältigen.

Während die Vorteile der partnerschaftlichen Gründung in Form eines Know-how- und Arbeitskraftzuwachses scheinbar auf der Hand liegen, ist dem moderierenden Einfluss der Zusammenarbeit im Team bisher wenig Beachtung geschenkt worden. Mit der vorliegenden Untersuchung werden gängige eigenschaftsorientierte Ansätze um die dynamische Komponente der Sozialen Interaktion ergänzt. Die Studie liefert Antworten auf die Frage, wie Teammerkmale und soziale Interaktion im Team eines erfolgreichen Unternehmens aussehen müssen und bereitet diese für den Leser aus der Wissenschaft und den aus der Praxis gleichermaßen auf. Aus den empirischen Ergebnissen leiten die Autoren ein Instrument für Gründer in Teams und Berater zur Selbst- oder Fremddiagnose mit zugrundeliegender Benchmark ab, das eine effiziente und valide Schwachstellenanalyse gestattet.

Mit dem Dank an die Autoren verbindet die DtA den Wunsch, dass die vorliegende Veröffentlichung in der Wissenschaft auf reges Interesse stößt und den Praktikern aus Wirtschaft und Politik Anregungen für eine weitere Verbesserung der Arbeit unternehmerischer Teams liefert.

Bonn, im Juni 2002
Dr. Jochen Struck
Abteilungsdirektor DtA

Vorwort der Autoren

Die Notwendigkeit und Wirkung von Unternehmensneugründungen sind schon lange bekannt. 1910 hat Joseph A. Schumpeter, einer der bedeutendsten deutschsprachigen Volkswirte, die Bedeutung von Unternehmensneugründungen für die Entwicklung und das Wachstum von Volkswirtschaften erkannt und theoretisch beschrieben. Von der Politik wird diese Erkenntnis aber erst in den letzten Jahren systematisch aufgegriffen. Die Regierung stellt für verschiedenste Förderprogramme Finanzmittel in Milliardenhöhe bereit, um das Gründungsgeschehen wiederzubeleben und eine Gründerkultur zu stimulieren. Dabei ist das Gründertum für Deutschland nicht neu und ohne eine entsprechende Gründerkultur wäre auch das „Wirtschaftswunder" in den Jahren nach dem zweiten Weltkrieg sicherlich nicht möglich gewesen. Aber offensichtlich ging diese Gründerkultur inzwischen verloren.

Auch in der Forschung kann man in den letzten Jahren eine deutlich erhöhte Aufmerksamkeit für diesen Forschungsgegenstand beobachten. Mittlerweile ist die Notwendigkeit einer eigenständigen Forschung im Bereich der Unternehmensgründungen und der Entwicklung junger Unternehmen national wie international unumstritten. Bisher fehlt es aber noch an geeigneten theoretischen Modellen.

In diesem Spannungsfeld der politischen Notwendigkeit und des theoretischen Erklärungsnotstands entstand die Idee der vorliegenden Untersuchung. Ermöglicht wurde sie durch eine finanzielle Förderung der Deutschen Ausgleichsbank. Das Untersuchungsziel trägt einem Phänomen Rechnung, das in der

Praxis häufiger vorkommt, als es die bisherige Forschung und auch verschiedene Bereiche der unternehmerischen Praxis wahrnehmen: *Die partnerschaftliche Neugründung von Unternehmen.* Obwohl es Teamgründungen schon in den „Gründerzeiten" des letzten Jahrhunderts gegeben hat, ist der Anteil der Teamgründungen, insbesondere bei den technologieorientierten Unternehmen, in den letzten Jahren deutlich gestiegen. Gerade in den vergangenen Jahren ist ein zunehmender Anteil von Gründerteams zu verzeichnen. Dies hängt nicht zuletzt mit den sich verändernden Wettbewerbsbedingungen zusammen. Die Vorteile für diese Gründungsform liegen „theoretisch" auf der Hand. So können z.B. Schwächen einzelner Teammitglieder durch die Stärken der anderen ausgeglichen und durch gegenseitige Unterstützung die Motivation erhöht werden. Die Nachteile von Teamgründungen werden hingegen bisher vor allem im unternehmerischen Alltag sichtbar. Denn die Arbeit im Team birgt ein hohes Konfliktpotenzial, das zur Trennung der Gründer und zur Auflösung des Unternehmens führen kann.

An dieser Diskrepanz setzt unsere Untersuchung an. Sie ist der Frage nach den Vor- und Nachteilen von Teamgründungen gewidmet. Anhand einer großzahligen Befragung von Teamgründern junger Unternehmen sollen Antworten für Theorie und Praxis gleichermaßen gefunden werden.

1. Für die Forschung wollen wir zu einer Erweiterung der Erklärungsmodelle beitragen, um die Entwicklungen junger Unternehmen präziser zu erklären und treffsicherer zu prognostizieren.
2. Für die Praxis wollen wir ein Analyseinstrument vorschlagen, das Gründern und Beratern Benchmarks für erfolgreiche und erfolglose Unternehmen liefert und eine bessere Diagnose und Prognose der eigenen Situation ermöglichen soll.

Im Rahmen unserer Untersuchung wurden Interviews mit mehr als 300 Gründern geführt. Wir danken ihnen, dass sie für die Forschung über ihre eigenen Erfahrungen berichtet haben. Der mit dieser Befragung verbundene hohe Aufwand ist allein nur schwer realisierbar. Wir danken unserem Team, das uns engagiert und kompetent unterstützte und den Erfolg unseres Forschungsprojekts überhaupt erst ermöglichte. Namentlich sind dies Frau Diplom-Kauffrau Christina Dreier, Herr Diplom-Wirtschaftsingenieur Thilo Müller, Frau Diplom-Volkswirtin Antje Holzhausen, Herr Diplom-Wirtschaftsingenieur Tobias Eichner, Herr Diplom-Wirtschaftsingenieur Robert Ferstl und Herr Diplom-Ingenieur Christoph Ihl. Unser Dank gilt auch den vielen Studierenden, die sich für unsere Studie einsetzten und sich als methodenkritische Interviewer im Rahmen des Forschungspraxis-Seminars „Empirische Gründungsforschung" weit über das normale Maß einer Lehrveranstaltung hinaus engagierten.

Wir möchten uns bei der Deutschen Ausgleichsbank für die Finanzierung der Studie bedanken. Persönlich möchten wir bei den verantwortlichen Betreuern unseres Projektes Frau Dr. Heil, Herrn Bahß und Herrn Dr. Struck bedanken. Sie haben uns mit Rat und Tat bei unserem Projektantrag, der Felderschließung, der Diskussion der Ergebnisse und der Korrektur des Manuskripts unterstützt.

Alle Unzulänglichkeiten dieser ersten deutschsprachigen empirischen Studie über Gründerteams gehen natürlich zu Lasten der Autoren, die sich über konstruktiv-kritisches Feedback freuen.

Prof. Dr. Thomas Lechler und Prof. Dr. Hans Georg Gemünden

Inhalt

1 Gründerteams: Ein Phänomen der letzten 15 Jahre?

Der Begriff des „Gründerteams" ist noch nicht sehr alt. Bis etwa Anfang der achtziger Jahre war er in betriebswirtschaftlichen Veröffentlichungen gänzlich unbekannt. Vorher und auch in vielen aktuellen Veröffentlichungen werden Unternehmensgründer als einzeln handelnde Personen angesehen. Beschrieben werden sie als die einsamen Streiter, die Innovationen gegen rechtliche, politische und soziale Barrieren mit Geschick, Intelligenz, Beharrlichkeit und einer gewissen Härte durchsetzen. Im Falle eines Erfolges werden sie als Helden der Industriegesellschaft gefeiert. Im Falle eines Misserfolges werden sie nicht wahrgenommen.

In der wissenschaftlichen Diskussion wird dieser einseitige Fokus auf Schumpeter zurückgeführt, der den Unternehmer als Einzelkämpfer beschrieb. Als Folge seiner Auffassung ist bis heute das Bewusstsein für die partnerschaftliche Unternehmensgründung kaum ausgeprägt[1].

So steht auch in der heutigen amerikanischen Entrepreneurship-Forschung der Einzelunternehmer klar im Zentrum der Betrachtung. Er ist es, dessen strategisches und taktisches Denken und Handeln für den Erfolg des von ihm gegründeten Unternehmens in besonderer Weise verantwortlich gemacht wird. Dies zeigt sich schon in der vielzitierten programmatischen Definition von Bygrave und Hofer: „An entrepreneur is a person that perceives an opportunity and creates an organization to pursue it."[2]

---

1 Müller-Böling (1989), S. 192
2 Bygrave, W. D., Hofer, Ch. W. (1991), S. 12

Dieses Erklärungsmodell entspringt der individualistischen anglo-amerikanischen Kultur, in welcher der Traum des Self-Made-Man, der vom Tellerwäscher zum Millionär aufsteigt und selbst große Konzerne das Fürchten lehrt, ein zentrales Element darstellt. In den Bezugsrahmen der Forschungsprogramme werden die Merkmale unternehmerischen Verhaltens sowie die institutionellen und kulturellen Eigenschaften der von Unternehmern geprägten und geführten Firmen näher analysiert.

Das Bild wird aber nicht nur in der Forschung nachgezeichnet, sondern vor allem in den unternehmerischen Leitbildern und Biographien sowie in den Medien gepflegt.

Es dient auch als Legitimation der sehr ungleichen Verteilung von Einkommen und Vermögen in der amerikanischen Gesellschaft – die neben wenigen reichen und superreichen Unternehmern auch sehr viele arme Tellerwäscher kennt.

Wie realistisch ist dieses Modell vom Unternehmertum? Gab es nicht von jeher, vor allem bei schwierigen, komplexen Vorhaben, auch partnerschaftliche Gründungen, in denen eine Personenmehrheit von Gründern als Team zusammenarbeitete? Waren und sind bei derartigen Gründungsvorhaben Teams in besonderer Weise erfolgreich – weil sie die gestellten Anforderungen besser, kostengünstiger und rascher erfüllen können?

Diesen Fragen wollen wir hier nachgehen. Dabei lautet unsere Ausgangsüberlegung: Der Erfolg von neu gegründeten Unternehmen lässt sich nicht einfach auf die persönlichen Eigenschaften zurückführen – auch wenn diese sicherlich erfolgsrelevant sind. Vielmehr ist die Theorie und Praxis der Gründungsforschung und Gründungsberatung um das Phänomen der partnerschaftlichen Unternehmensgründung zu erweitern. Unser Interesse gilt dieser Gründungsform und konzentriert sich auf die Gründerteams.

Für dieses Kapitel ergeben sich daraus drei Fragen, die beantwortet werden sollen:

1. Was verstehen wir unter Gründerteams?
2. Ist dieses Phänomen in der Wirtschaft wirklich neuartig?
3. Sind Gründerteams auch für die aktuelle und zukünftige betriebliche Praxis von Bedeutung?

Die Antwort auf die erste Frage ist der Schlüssel zu den Ergebnissen unserer Untersuchung. Ohne eine klare Vorstellung dessen, was wir unter Gründerteams verstehen, ist ein Verständnis für unsere Ergebnisse nicht möglich.

Die zweite Frage, ob Gründerteams wirklich ein Phänomen der letzten 15 Jahre sind, soll anhand einer kurzen historischen Analyse von Gründungsfällen beantwortet werden. Diese Analyse ermöglicht auch einen ersten Eindruck über die erfolgsentscheidenden Faktoren von Gründerteams.

Die dritte Frage nach der Bedeutung von Gründerteams soll klären, ob dieser Themenkomplex für die Wirtschaft und damit auch für die zukünftige Forschung relevant ist.

1.1 Definition des Begriffes „Gründerteam"

Die Frage, was wir unter einem „Gründerteam" verstehen, ist keinesfalls eine rein akademische – sie ist vielmehr auch und gerade für den interessierten Praktiker von großer Bedeutung, denn Begriffsabgrenzungen sind auch Problemabgrenzungen. Die von uns verwendete Definition ist der Schlüssel zu den Ergebnissen und Schlussfolgerungen, die in diesem Buch dargestellt und diskutiert werden. Es mag sein, dass die Ergebnisse auch für andere Konstellationen gelten, aber die Leser seien an dieser Stelle ausdrücklich auf die von uns verwendete Definition des Forschungsgegenstandes hingewiesen.

In der Praxis gründen Investoren, Unternehmen und Unternehmer in Gruppen ganz unterschiedlicher Zusammensetzungen gemeinsam Unternehmen. Aber nicht jede dieser Gruppen sind Gründerteams im engeren Sinn. Die Vielfalt der Gründerrealität spiegelt sich auch in den verschiedenen definitorischen Ansätzen wider.

Dementsprechend ist es die Aufgabe der Definition des Forschungsgegenstandes „Gründerteam", alle für unsere Erhebung wichtigen Gründungen von Personenmehrheiten einzuschließen und diejenigen auszugrenzen, die nicht von Interesse sind. Keine der in der Literatur vorgestellten Definitionen erfüllt diese Aufgabe in unserem Sinne, dennoch dienen sie uns als Basis für die eigene Definition.

Im folgenden stellen wir daher zunächst verschiedene geeignete Ansätze vor und leiten dann daraus unsere eigene Definition ab.

1. Vyakarnam et al. definieren Gründerteams als „the ‚top team' of individuals who is responsible for the establishment and management of the business"[3].
2. Watson et al. gehen noch einen Schritt weiter und ergänzen die Definition um die finanziellen Interessen der Teammitglieder und die Mindestgröße von Gründerteams: „A venture team is two or more individuals who jointly establish and actively participate in a business in which they have an equity (financial) interest"[4].
3. Darüber hinaus fordern Kamm et al.[5], dass die Personen des Gründerteams schon während der Vorphase der Unternehmensgründung dem Team angehörten.

3 Vyakarnam et al. (1997), S. 2
4 Watson et al. (1995), S. 394 und Cooney/ Bygrave (1997)
5 Kamm et al. (1990)

Nach diesen Definitionen können Gründerteams als ein Zusammenschluss von Personen angesehen werden, die partnerschaftlich ein Unternehmen gründen, grundlegende unternehmerische Entscheidungen gemeinsam treffen und sich auch die Risiken gemeinschaftlich teilen, insbesondere das begrenzte oder unbegrenzte Risiko, ihr Eigenkapital zu verwirken.

In Anlehnung an diese allgemeine Beschreibung definieren wir den Begriff „Gründerteam" folgendermaßen:

Gründerteams setzen sich aus

1. mindestens zwei natürlichen Personen zusammen, die
2. gemeinsam ein Unternehmen neu gründen,
3. jeweils einen bedeutenden Anteil am Eigenkapital des Unternehmens halten,
4. hauptberuflich, aktiv leitende Funktionen im Unternehmen wahrnehmen und gemeinschaftlich die Entwicklung des Unternehmens vorantreiben und
5. persönlich die Geschäftsrisiken tragen.

Die Definition beschreibt damit eine bestimmte Gruppe von Gründungsformen, die wir anhand der nachfolgenden Erläuterungen zu den einzelnen Punkten noch näher beschreiben.

1. Eines der wichtigsten Merkmale unserer Definition ist die Forderung, dass die Unternehmen von mindestens zwei natürlichen Personen neu gegründet wurden. Damit schließt die Definition diejenigen originären (systemschaffenden) Betriebsgründungen aus, die ausschließlich auf Institutionen oder Unternehmen zurückgehen. In dieser Konstellation handelt es sich bei den Gründern nicht um die geforderten natürlichen Personen, sondern um juristische Personen. Natürlich können die genannten Gruppen bei einer Unternehmensgründung ergänzend zu den beiden geforderten natürlichen Personen hinzutreten.

2. Die definitorische Anforderung „neu" gründen schließt alle derivativen, rein systemändernden Gründungsformen[6] aus. Hierunter fallen Unternehmensgründungen, die durch Wandlung der Rechtsform und/oder der Gesellschafter eines bereits bestehenden Unternehmens, wie z.B. Betriebsübernahmen, Fusionen, Buy Outs oder Franchising, erfolgten.

3. Den Zusammenschluss von Kapital und natürlichen Personen bezeichnen wir erst dann als Teamgründung, wenn unabhängig von der Anzahl der Kapitalgeber wenigstens zwei natürliche Gründerpersonen auftreten, die einen bedeutenden Anteil am Eigenkapital halten. Mit der Forderung nach einem bedeutenden Anteil der Gründer am Eigenkapital können u. a. Unternehmen ausgeschlossen werden, die Mitarbeiterbeteiligungsmodelle realisiert haben. Denn i.d.R. werden die Mitarbeiter nicht gemeinschaftlich an unternehmerischen Entscheidungen beteiligt.

4. Aus dem bedeutenden Eigenkapitalanteil der Geschäftsführung durch mehrere natürliche Personen leiten sich auch die Funktionen ab, die die Gründer nach unserer Definition im Unternehmen wahrnehmen sollen. Es wird gefordert, dass mindestens zwei der natürlichen Personen unter den Gründern hauptberuflich leitende Funktionen im Unternehmen wahrnehmen. Dies schließt Nebenerwerbsbetriebe und Unternehmen aus, in denen die natürlichen Personen die Rolle von Stillen Gesellschaftern wahrnehmen. Darunter fallen zunächst auch Gesellschaften mit beschränkten Rechten wie KGs, wenn die natürlichen Personen unter den Gründern Kommanditisten sind und damit keine geschäftsführenden Funktionen im Unternehmen einnehmen. Auch sind Unter-

---

6 Unterkofler (1989), S. 46

nehmen ausgeschlossen, die von privaten oder institutionellen Kapitalgebern gegründet wurden, wenn diese Gruppen eine aktive Rolle in der Unternehmensführung wahrnehmen.

5. Das Unternehmen sollte für die Gründer eine sehr hohe wirtschaftliche Bedeutung haben – nicht umsonst wird ja auch gerne von „Existenz"-Gründungen gesprochen[7]. Mit dieser Forderung wollen wir Nebenerwerbsbetriebe ausschließen.

Aus Sicht der organisations- und sozialpsychologischen Forschung stellt sich die Frage, wie groß die Anzahl der natürlichen Personen sein sollte, um von einem Gruppen- oder Teamphänomen auszugehen[8]. Bei Dyaden ergeben sich andere soziale Prozesse als bei Triaden oder bei Gruppen mit mehr als drei Personen. So entfallen bei Dyaden ein ganze Reihe von Koalitionsmöglichkeiten, Abstimmungsproblemen und Konfliktpotenzialen.[9]

Im Interesse einer Übertragbarkeit organisations- und sozialpsychologischer sowie betriebswirtschaftlicher Theorien und Forschungsergebnisse sollte man sich daher auf Personenmehrheiten von drei und mehr Personen konzentrieren. Auf der anderen Seite belegen die vorliegenden statistischen Befunde sehr deutlich, dass die meisten partnerschaftlichen Gründungen von zwei Personen getragen werden[10]. Diese große Zahl von Gründungen wollen wir nicht einfach ausschlie-

---

7 So z.B. auch im EXIST-Förderprogramm des BMBF
8 Wir verwenden die Begriffe „Team" und Gruppe synonym in diesem Buch
9 Vgl. hierzu auch Högl (1998) und Gemünden/Högl (1999)
10 Brüderl et al. (1998)

ßen, denn auch bei dyadischen (Zwei-Personen-) Gründungen ergeben sich bereits fundamentale Unterschiede gegenüber Einzelgründungen.

Wir wollen daher auch dyadische Gründungen mitberücksichtigen, aber in den späteren Auswertungen differenzierte Analysen nach der Teamgröße vornehmen, um so empirisch zu untersuchen, wie stark dieser Einfluss ist.

1.2 Gründerteams in der historischen Betrachtung

Die zweite Frage der vorliegenden Untersuchung bezieht sich darauf, ob Gründerteams wirklich ein Phänomen der letzten Jahre sind, oder ob sie bislang nur noch nicht wahrgenommen wurden. In unserer historischen Betrachtung haben wir versucht, Gründerteams aus verschiedenen Epochen der Industrialisierung zu finden. Die Suche nach solchen Gründerteams fiel uns leicht. In der Literatur sind einige partnerschaftliche Gründungen gut dokumentiert[11]. So wird von Simsa der Fall von Carl Benz beschrieben, der zwei Mal in Konkurs ging, eher er dann zusammen mit Julius Ganß und Friedrich von Fischer gemeinsam ein weiteres Unternehmen gründete und auch wirtschaftlich erfolgreich war[12]. Als weitere deutsche Beispiele von partnerschaftlichen Unternehmensgründungen werden die Daimler-Motoren-Gesellschaft, Melitta oder Adidas genannt[13]. Das Ziel unserer historischen fallstudienorientierten Betrachtung ist es nicht, möglichst vollständig alle Gründerteams der Geschichte zu erfassen, sondern exemplarisch einige sehr erfolgreiche Teams verschiedener Industrieepochen und Kultur-

---

11 Müller-Böling (1989) S. 190 f.
12 Simsa (1987), S. 27 f.
13 Müller-Böling (1989) S. 191

kreise herauszugreifen, aus denen weltbekannte Großunternehmen wie die Siemens AG, die Hoechst AG (heute Aventis), Hewlett Packard, Microsoft oder SAP hervorgingen. Lassen Sie uns die Meilensteine der Entwicklungsgeschichte dieser Unternehmen betrachten.

Die Siemens AG[14]

Schon im Oktober 1847 wurde das Unternehmen Telegraphen-Bauanstalt Siemens & Halske gemeinsam von Werner von Siemens und Georg Halske in Berlin gegründet. Erst 1966 wurden die Siemens & Halske AG, die Siemens-Schuckert-Werke AG und die Siemens-Reiniger-Werke AG zur weltweit bekannten Siemens AG verschmolzen. In den frühen Jahren übernahmen zwei Brüder von Siemens – in Russland Carl Siemens und in England Wilhelm Siemens – die ersten ausländischen Niederlassungen. Zurück zu den beiden Gründern: Werner von Siemens hatte eine Fachausbildung in Mathematik, Physik, Chemie und Ballistik. Er hatte einen Zeigertelegraphen entwickelt, den er eine Woche nach der Unternehmensgründung in Preussen zum Patent anmeldete. Johann Georg Halske war Feinmechaniker. Siemens übernahm die Funktion des Entwicklers, während Halske die Ausführung und Produktion des Telegraphen übernahm. Aufgrund des wachsenden Bedürfnisses schnell zu kommunizieren, wurde der Zeigertelegraph ein durchschlagender Erfolg. Das Startkapital in Höhe von 6842 Talern erhielten die beiden Gründer von Johann G. Siemens, einem Vetter von Werner von Siemens.

---

14 Vgl. 150 Jahre Siemens – Das Unternehmen von 1847 bis 1997, S. 6 ff.; http://www.siemens.com/en/the_company/daten_und_fakten/index.html

Die Hoechst AG[15]

Nicht einmal zwanzig Jahre später, im Jahre 1863, wurde von Dr. Eugen Lucius, Carl Meister und Ludwig Müller die Theerfabrik Meister Lucius & Co in Höchst am Main gegründet, aus dem später ein anderes deutsches Weltunternehmen, die Höchst AG, hervorging. Man könnte die Gründung auch als ein Familienunternehmen ansehen, da Carl Meister der Schwager von Lucius´ Ehefrau war und Müller der Onkel der Ehefrauen von Lucius und Meister. Vom ersten Tag an übernahm der Chemiker Adolf Brüning die Funktion des technischen Direktors. Bereits zwei Jahre nach der Unternehmensgründung übernahm Brüning die Unternehmensanteile von Müller. Lucius und Brüning hatten gemeinsam Chemie studiert. Meister hingegen war gelernter Kaufmann. Der Erfolg stellte sich schon nach zwei Jahren ein und wird in der Firmenchronik für die ersten zwanzig Jahre auf die herausragenden Einzelpersönlichkeiten zurückgeführt, in denen sich Forscherdrang und Geschäftssinn paarten. Schon 1880 wurde die Gesellschaft in die Aktiengesellschaft „Farbwerke vorm. Meister Lucius & Brüning" gewandelt. Sehr schnell wurde die Produktpalette erweitert und aus der Farbenfabrik ein Chemieunternehmen.

---

15 Vgl. Chronik der Hoechst Aktiengesellschaft 1863–1988; http://www.hoechst.com/deutsch/hoechst_ag/geschichte/index2.html; http://www.hoechst.com/deutsch/zahlen/maino.html

Hewlett-Packard Inc.[16]

Im Jahr 1938 tun sich die beiden Studienfreunde Dave Packard und Bill Hewlett zusammen und legen in einer Garage in Palo Alto (Kalifornien, USA) mit einem Startkapital von $ 538,– die Grundsteine für das weltbekannte Unternehmen Hewlett-Packard. Beide haben in Stanford 1934 ein Studium zum Elektroingenieur abgeschlossen. Der Auslöser und Mentor des Vorhabens war ihr gemeinsamer Professor Fred Terman von der Stanford Universität.

Zunächst begannen Packard und Hewlett in ihrer Freizeit einen Audio Oszillator zum Test und zur Einstellung von Sound Equipment zu entwickeln und zu konstruieren. Am 1. Januar 1939 gründeten sie formal ihre Partnerschaft, die sie in Folge eines Münzwurfs Hewlett-Packard nannten. Schon 1940 zogen sie in ein größeres Gebäude und verkauften acht verschiedene elektrotechnische Messgeräte. Scheinbar waren sich die beiden Gründer über die Nachhaltigkeit ihres Erfolges noch nicht sicher, denn sie ließen das Gebäude so bauen, dass es auch als Obst- und Gemüselager hätte genutzt werden können. Am 18. August 1947 wurde die Hewlett-Packard Inc. gegründet. In den folgenden Jahren entwickelte sich das Unternehmen zu einem der führenden Hersteller von elektrotechnischen Produkten für den Industrie- und Konsumentenbereich. Die Produkte decken ein breites Spektrum von messtechnischen Geräten und Computern bzw. Peripheriegeräten ab und zeichnen sich damals wie heute vor allem durch ihren hohen Innovationsgrad aus.

---

16 Vgl. Packard (1995): The HP way; http:\\www.hp.com/abouthp/history/index.html;
http://www.www.hp.com/abouthp/company_facts/index.html

SAP AG[17]

In der jüngeren Vergangenheit gilt in Deutschland vor allem die Entwicklung der SAP AG als eine der großen Erfolgsgeschichten deutscher Entrepreneure. Im Jahr 1972 gründeten die fünf ehemaligen IBM-Mitarbeiter Prof. Dr. h.c. Hasso Plattner, Dr. h.c. Klaus Tschira, Dietmar Hopp, Hans-Werner Hector und Claus Wellenreuther das Unternehmen SAP, welches als Abkürzung für Systemanalyse und Programmentwicklung steht. Die Entwicklung von Standard-Anwendungssoftware wurde zunächst nachts und am Wochenende vorangetrieben, da die Gründer zugleich Aufträge in Rechenzentren abwickeln mussten. Das erste Produkt, ein Finanzbuchhaltungssystem, wurde 1973 fertiggestellt. Die kontinuierliche Weiterentwicklung von Finanz- und Warenwirtschafts- sowie Logistiksoftware führte dann zu einem integrierten Produkt R1, das auf dem Markt großen Erfolg hatte.

Das Gründerteam in seiner ursprünglichen Größe arbeitete etwa zehn Jahre zusammen. Im Jahr 1982 schied Claus Wellenreuther aus dem Unternehmen aus. Begleitet von einigen Konflikten, die durch die Presse gingen, verließ weitere fünfzehn Jahre später Hans-Werner Hector das Unternehmen. Nur ein Jahr später wechselten 1998 Klaus Tschira und Dietmar Hopp vom Vorstand in den Aufsichtsrat. Heute ist von den ursprünglichen fünf Gründern Hasso Plattner der einzige, der noch im Vorstand verblieben ist. Geht man von 1997 als Jahr der beginnenden Trennung aus, dann haben die Gründer in 25 Jahren erfolgreicher Zusammenarbeit das Unternehmen SAP aufgebaut.

---

17 Vgl. http://www.SAP.com/germany/discsap/index.html; http://www.SAP.com/germany/investor/umsatztable.html

Microsoft Inc.[18]

Eine vielleicht noch eindrucksvollere Entwicklung durchlief das Unternehmen Microsoft. Gegründet wurde das Unternehmen 1975 von den beiden Freunden Bill Gates und Paul Allen. Beide kannten sich aus der Schulzeit. Schon als Schüler gründete Gates seine erste Firma in Seattle und entwickelte gemeinsam mit Allen eine einfache computergestützte Maschine zur Verkehrszählung. Während ihrer Studienzeit gründeten sie dann 1975 die Firma Microsoft. Im dritten Jahr brach Bill Gates sein Studium der angewandten Mathematik an der Havard Universität ab und entwickelte das erste Softwareprodukt Microsoft Basic für Kleincomputer. Paul Allen, auch ehemaliger Student der angewandten Mathematik in Havard, war im ersten Jahr nur in seiner Freizeit im gemeinsamen Unternehmen aktiv. 1976 kündigte er seine Stellung als Director of Software Development bei MITS und wechselte ganz in das Unternehmen. Nach den ersten beiden Jahren einer informellen Partnerschaft gründeten Gates und Allen 1977 mit einem Beteiligungsverhältnis von 65% zu 35% die Microsoft Inc. Drei Jahre später, im Jahr 1980, schloss IBM mit Microsoft einen Vertrag ab, um verschiedene Programme für den ersten IBM PC entwickeln zu lassen. Dieser Vertrag war die Grundlage für die weitere Entwicklung. Nach schwerer Krankheit verließ Paul Allen 1983 das Unternehmen. Seither leitet Bill Gates Microsoft allein.

---

18 Vgl. Manes, Andrews (1993): Gates; http://www.microsoft.com/MSCorp/
Museum/exhibits/pastpresent/microsoft;
http://microsoft.com/presspass/lastfacts.htm; WISU 7/95 S. 562–563

Tabelle 1: *Historischer Vergleich von Teamgründungen*

Name des Unternehmens	Gründungsdatum	Größe des Gründerteams	Namen der Gründer	Unternehmensentwicklung: Umsatz				Unternehmensentwicklung: Mitarbeiter/Innen			
				1. Jahr	5. Jahr	15. Jahr	1998	1. Jahr	5. Jahr	15. Jahr	1998
Siemens AG	1847	2	Werner von Siemens Johann Georg Halske	M 10.300	M 514.000	M 351.200	DEM 118 Mrd.	18	90	492	416.000
Hoechst AG	1863	3	Eugen Lucius Carl F. W. Meister Ludwig A. Müller	G 27.796	T 438.005	nicht bekannt	DEM 44 Mrd.	7	nicht bekannt	730	97.000
Hewlett Packard	1939	2	Bill Hewlett Dave Packard	$ 5.369	$ 953.294	$ 12,8 Mio.	$ 4,7 Mrd.	2	45	619	124.600
SAP AG	1972	5	Prof. Dr.h.c. H. Plattner Dr.h.c. K. Tschira D. Hopp H. Hector C. Wellenreuther	DEM 620.000	DEM 3,8 Mio.	DEM 245 Mio.	DEM 8,5 Mrd.	9	25	940	19.308
Microsoft	1977	2	Bill Gates Paul Allen	$ 381,715	$ 16 Mio.	$ 1.843 Mio.	$ 15 Mrd.	9	128	8.226	27.055

Betrachtet man die wesentlichen Merkmale der vorgestellten Unternehmen, so haben alle fünf eines gemeinsam: Sie wurden von wenigstens zwei Gründern aufgebaut. Bei drei der fünf Fälle handelt es sich um zwei Personen. Im Falle der SAP AG setzt sich das Gründerteam sogar aus fünf Personen zusammen. Das zeitliche Auftreten der Unternehmensgründungen beantwortet schon die erste Frage, ob Gründerteams wirklich erst ein Phänomen der modernen Industriegesellschaft oder gar der Informationsgesellschaft sind. Wie die Wurzeln der Siemens AG und der Hoechst AG zeigen, geht die Unternehmensgründung in Teams praktisch zurück auf den Beginn der Industrialisierung. Leider existieren keine aussagekräftigen Statistiken über die Verteilung und das Auftreten von Gründerteams, so dass abschließend nicht geklärt werden kann, ob die vorgestellten Fälle als besondere Ausnahmen angesehen werden müssen. Dennoch belegen die geschilderten Fälle, dass Unternehmensgründungen im Team nicht ein neuartiges Phänomen der letzten Jahren ist. Wie die vorgestellten deutschen und amerikanischen Unternehmen zeigen, sind Gründerteams auch kein spezifisches Phänomen bestimmter Gesellschaften.

Natürlich fällt auf, dass es sich bei unserer Auswahl um sehr erfolgreiche Unternehmen handelt, aber dennoch lässt der Vergleich dieser Fälle schon einige Aufschlüsse über mögliche Erfolgsfaktoren von Teamgründungen zu.

1. Begonnen haben alle Gründer mit einer innovativen technischen Idee, die sie erfolgreich in konkrete Produkte umgesetzt haben.
2. Hinsichtlich ihres Ausbildungs- bzw. Erfahrungsschwerpunktes unterscheiden sich die Mitglieder der betrachteten Teams. Der Vorteil, dass sich mehrere Personen ergänzen können, wird zwar oft diskutiert, aber offensichtlich wird

diese Möglichkeit nicht voll ausgeschöpft, denn die meisten Gründer der vorgestellten Unternehmen haben einen technischen Erfahrungshintergrund – die Kombination „Techniker + Techniker" dominiert – die Kombination „Techniker + Kaufmann" ist zumindest auf den ersten Blick nicht zu erkennen. Hängt dies damit zusammen, dass sich die Gründer in allen Fällen schon vor der Unternehmensgründung kannten und eine gemeinsame Unternehmung vor allem ein hohes gegenseitiges Vertrauen erfordert?

3. Im Fall von Hoechst und in gewissem Sinne auch bei Siemens waren die Gründer miteinander verwandt. Im Falle von HP oder Microsoft waren die Gründer freundschaftlich verbunden, und im Falle SAP handelte es sich um ehemalige Kollegen. Eine zielgerichtete anforderungsorientierte Suche nach einem Partner mit komplementären Eigenschaften und Fähigkeiten ist offensichtlich nicht erfolgt. Es war vielmehr so, dass zwei oder mehr Personen, die später ein Unternehmen gründeten, sich schon vorher gut kannten bzw. freundschaftlich und/oder verwandtschaftlich miteinander verbunden waren. In diesen Kleingruppen wurde die Idee für ein neues Geschäft geboren und diese Idee mit einer gemeinsamen Unternehmensgründung in die Tat umgesetzt. Aufgrund der hohen technologischen, marktbezogenen und finanziellen Unsicherheiten mag auch noch nicht klar gewesen sein, wie denn die Idee tatsächlich realisiert werden könnte und welche Teammitglieder bereit sind, das Risiko zu tragen, und vom Anforderungsprofil her zum Unternehmen passen. Schließlich fehlte auch das Vertrauen zu weiteren möglichen Partnern, da man sich in existenziellen Fragen und einer noch relativ ungeschützten Geschäftsidee nicht von Unbekannten reinreden lassen wollte. Man fürchtete wohl auch, dass ein zu großes Team zu ineffizienten Gruppenprozessen führen könnte.

Inwieweit diese Spekulationen stichhaltig sind, kann erst die differenzierte quantitative Analyse einer größeren Zahl von Gründerteams zeigen.

Erstaunlich ist aber der Widerspruch zur bisherigen Forschung, insbesondere über Kooperationen, die allerdings vielfach nicht aufgrund empirischer Studien, sondern mehr aufgrund normativer Überlegungen ihre Thesen aufstellt. So wird in der Forschung über Kooperationen sehr ausführlich darauf eingegangen, wie wichtig es ist, den richtigen Partner zu suchen, der die hohen Anforderungen erfüllen soll. Gilt dies bei Teamgründungen nicht? Ist eine gemeinsame Vertrauensbasis sehr viel wichtiger als die Suche nach der optimalen Ergänzung? Gründerteams sind offenkundig keine „Boy-Group", die nach den vermuteten Anforderungen einer Aufgabe bzw. Bedürfnissen einer Zielgruppe von Dritten am Reißbrett zusammengestellt wird. Sie sind auch kein Team, das von einer großen Organisation auf eine Raumfahrt geschickt wird. Vielmehr entscheiden die Mitglieder von Gründerteams selbst, mit wem sie auf Reisen gehen und ihre Unternehmensidee verwirklichen wollen. Bei dieser Entscheidung spielen familiäre oder freundschaftliche Bindungen eine maßgebliche Rolle.

Vielleicht ändert sich dies bei größeren Teams, die sich komplexere Aufgaben stellen oder schneller wachsen wollen. Vielleicht ist die systematische aufgabenbezogene Auswahl einer Führungsmannschaft auch typisch für Einzelgründer, die ehrgeizige Wachstumsziele verfolgen. Diese Vermutung muß noch bestätigt werden. Auf jeden Fall liefern schon diese wenigen historischen Beispiele einen deutlichen Hinweis darauf, dass die Entstehung von Gründungsteams nicht nur ein ökonomisches, sondern auch ein soziologisch und sozialpsychologisch zu erläuterndes Problem darstellt. Eine ökonomisch interessante Frage schließt sich an: Was ist wichtiger für den Erfolg, eine stabile Vertrauensbasis oder eine anforderungsgerechte Ressourcenkombination des Humankapitals? Wirken beide Größen additiv, und kann man sie gegenseitig kompensieren? Wie sehen mögliche Wechselwirkungen beider Merkmale auf den Erfolg aus?

4. Die vertrauensbasierte Auswahl der Gründerteams kann in einem bestimmten Entwicklungsstadium des gemeinsamen Unternehmens einige Probleme auslösen. Wenn die Teammitglieder sich in ihren Fähigkeiten nicht ergänzen, können zum einen Interessen-, Ziel- und Machtkonflikte auftreten, weil jeder seinen Expertenstandpunkt durchsetzen möchte. Zum einen kann dies zu einer Trennung der Gründer führen. Bei den von uns betrachteten Fällen kam es, außer im Falle von HP, in allen betrachteten Unternehmen zu Trennungen. Zum anderen kann es zu einer Verengung der Perspektive auf die Felder kommen, auf denen man sich besonders gut auskennt. Gründer mit rein technischem Hintergrund könnten dazu neigen, kaufmännische Fragen der Finanzierung, des Rechnungswesens und des Vertriebs zu vernachlässigen und dadurch Fehlentscheidungen zu treffen, die zum Scheitern des Unternehmens führen.

Über die Gründe der Fluktuation liegen leider keine klaren Informationen vor. Eine nachhaltige Gefährdung des Unternehmensfortbestandes durch eine Trennungen der Gründer ist bei den von uns betrachteten Unternehmen nicht aufgetreten.

Dennoch scheint die Teamgründung Vorteile zu bieten wie z.B. die höhere Kapazität in der Leitungsfunktion der Unternehmen, die die Unternehmensentwicklung besonders positiv beeinflussen. Alle betrachteten Unternehmen konnten im Durchschnitt ihre Umsätze und Mitarbeiterzahlen jährlich in etwa verdoppeln. Sind diese hohen Wachstumsraten wirklich darauf zurückzuführen, dass es sich um Gründerteams handelte?

1.3 Die Bedeutung von Gründerteams heute

Mit der Zunahme der Informationen und des Wissens steigen auch die Anforderungen an die Gründer und Unternehmer. Die heutigen Rahmenbedingungen bieten vielfältige Geschäftsmöglichkeiten und Chancen, die gefiltert und bewertet werden müssen. Zur erfolgreichen Bewältigung dieser komplexen Aufgaben bietet sich die Gründung und der Aufbau eines Unternehmens im Team geradezu an. Die Vielzahl von überlebenswichtigen Informationen zur Unternehmensfinanzierung, zur Produktentwicklung und zu den wichtigsten Märkten kann eine einzelne Person kaum noch bewältigen. Eine weitere Vermutung ist, dass die Häufigkeit von Gründerteams insgesamt zunimmt. Leider liegt kein exaktes statistisches Datenmaterial vor, da eine Erfassung aufgrund der vielfältigen Ausprägungen der Gründungsfälle kaum möglich ist. Das Datenmaterial des Statistischen Bundesamtes bzw. der Statistischen Landesämter bietet gewisse Anhaltspunkte über das Auftreten von Gründerteams. Es liegen ausschließlich Vergleiche zwischen der Gründungsform des Einzelkaufmanns und denen des Nicht-Einzelkaufmanns vor. Daraus lässt sich seit 1990 ein leichter Trend hin zu partnerschaftlichen Unternehmensgründungen ableiten. Nicht nur das unpräzise Datenmaterial, sondern auch der sehr pauschale Vergleich der betrachteten Unternehmen sind ein weiterer Grund für den schwachen nachgewiesenen Trend. Die vorliegende Statistik enthält Unternehmen jeglicher Art. Es ist aber fraglich, ob sich die Anforderungen für alle Unternehmen in gleichem Maße verändert haben.

Wir wollen daher unsere Trendanalyse stärker fokussieren: Das zentrale Argument für die wachsende Verbreitung von Gründerteams sind die gestiegenen Anforderungen an die Unternehmensgründung und die Unternehmensführung. Zu solchen Unternehmen, die diese Forderung erfüllen, zählen sicherlich die technologieorientierten Unternehmen. Gerade High-Tech-Startups benötigen einen erheblichen Zeit- und Kapitalaufwand bis sie ihre Leistungen am Markt anbieten können[19]. Die hohen Leistungsanforderungen können häufig nur in einem Team bewältigt werden. Insgesamt ist für diese Gruppe der Anteil von Teamgründungen besonders hoch, dies belegen auch die von uns vorgestellten historischen Fallstudien. Für Technologie- und High-Tech-Unternehmen ist die Teamgründung schon seit Jahren die dominante Gründungsform.

1. In der von Teach et al. 1985 durchgeführten Befragung von 237 Softwareunternehmen, wurden mehr als zwei Drittel von Teams gegründet[20].

2. Für Deutschland kann Kulicke für technologieorientierte Unternehmen einen Trend zur partnerschaftlichen Unternehmensgründung für den Zeitraum von 1974 bis 1987 nachweisen[21].

3. Generell wird bei den technologieorientierten Unternehmen eine starke Zunahme von partnerschaftlichen Unternehmensgründungen festgestellt[22]. Dies bestätigt eine weitere Studie

---

19 Nach Falkenhagen (1989) bewertet die Hälfte aller befragten Unternehmen die Finanzierung als schwierigstes Problem. Zu ähnlichen Aussagen kommen auch Pleschak/ Henning (1999); Kulicke (1987)

20 Teach et al. (1986)

21 Kulicke (1987), S. 108; für einen ähnlichen Zeitraum bestätigen dies auch Albach/ Hunsdiek (1987), S. 563 f.

22 Picot et al. (1989), S. 98 f.

von Kulicke et al., wonach 58% der befragten Technologieunternehmen im Jahr 1993 von Teams gegründet wurden[23].

4. In einer Befragung deutscher internetbasierter Startups gaben zwei Drittel der Unternehmen eine Teamgründung an[24].

Schreibt man diesen Trend pauschal oder für technologieorientierte Unternehmen weiter fort, so muss in Zukunft mit einer immer größeren Zahl an Teamgründungen und insgesamt mit einer zunehmenden Bedeutung dieser Form der Unternehmensgründung gerechnet werden.

1.4 Zusammenfassung

In diesem Kapitel konnten wir anhand von historischen Fallstudien zeigen, dass Gründerteams kein Phänomen der letzten fünfzehn Jahre sind. Aber einige empirische Untersuchungen und eine Analyse von statistischen Daten deuten eindeutig auf eine zunehmende Bedeutung von Gründerteams für die betriebliche Praxis hin.

Aspekte für die Forschung:

- Gründerteams sind nicht erst ein Phänomen der modernen Informationsgesellschaft.
- Gründerteams sind keine Ausnahme, sondern vor allem in technologieorientierten Unternehmen ein sehr häufig auftretendes Phänomen.
- Auch nach mehr als fünfzehn Jahren der ersten Beschreibung von Gründerteams wurde weder von der amerikani-

---

23 Kulicke et al. (1998), Tabelle 2, S. 33

24 Waesche (1998), siehe www.globalstartup.com. Diese Entwicklung können Teach et al. schon 1986 für 237 Softwareunternehmen nachweisen, von denen 169 im Team gegründet wurden

schen noch von der europäischen Forschung die Lücke zur Praxis geschlossen.

Aspekte für die Praxis:

- Gründerteams werden in den nächsten Jahren an Bedeutung gewinnen.
- Gründerteams haben viele Vorteile, bergen aber auch Risiken, deren Art und Ausmaß bisher noch nicht systematisch erforscht wurde.
- Sehr erfolgreiche Unternehmen wurden von Teams gegründet.
- Die Auswahl der Gründer erfolgt in erster Linie vertrauensbasiert und erst in zweiter Linie ressourcenorientiert.

2 Zielsetzung und Aufbau des Buches

2.1 Ziele der Untersuchung

Die Bedeutung der partnerschaftlichen Unternehmensgründung ist für die Wirtschaft unstrittig. Bisher wurde aber die Teamgründung nur vereinzelt von der Forschung und von der Praxis wahrgenommen. Es gibt auch keine speziellen Programme, die Gründerteams in besonderer Weise fördern. Auch Risikokapitalgeber oder Banken wissen nicht präzise um die Vorteile und Risiken. Ziel der Untersuchung ist die Erforschung, Erklärung und Abwägung der Vor- und Nachteile von Gründerteams. Es sollen diejenigen Erfolgsfaktoren von Gründerteams empirisch analysiert werden, die Einzelgründern nicht vorliegen. Eine pauschale Betrachtung aller möglichen Erfolgsfaktoren von Gründerteams wird in der vorliegenden Untersuchung nicht vorgenommen. Von besonderem Interesse ist die Interaktion in der Gruppe bei der Führung und dem Aufbau eines Unternehmens, da sich Gründerteams genau in diesem Punkt von Einzelgründern unterscheiden. Im Mittelpunkt der Untersuchung steht die Frage, ob und wie sich die Qualität der sozialen Interaktion im Gründerteam auf den Unternehmenserfolg auswirkt.

Aus Perspektive der Forschung ist es das Ziel unserer Untersuchung, das Konzept der „Sozialen Interaktion" in Gründerteams theoretisch zu fundieren und die Lücke in der Theorie der Gründungsforschung bzw. der Entrepreneurship-Forschung zu schließen. Diese Zielsetzung erscheint vor dem Hintergrund des häufig beklagten Theoriedefizits notwendig[25]. Es

---

25 Klandt/ Münch (1990); Müller-Böling (1984)

soll ein Messkonzept entwickelt werden, das eine gültige (valide) und verlässliche (reliable) Messung der sozialen Interaktion von Gründerteams ermöglicht und in weiteren empirischen Untersuchungen eingesetzt werden kann.

Aus Perspektive der Praxis ist das Ziel unserer Untersuchung, ein Analysetool zu entwickeln, das sowohl für eine Selbstanalyse als auch für eine Fremdanalyse verwendet werden kann. Anhand von ermittelten Punktzahlen ist ein Benchmarking mit den erfolgreichsten Unternehmen möglich. Die Qualität der sozialen Interaktion kann damit regelmäßig zu bestimmten Zeitpunkten überprüft werden.

2.2 Aufbau des Buches

Das Buch richtet sich gleichermaßen an Gründer, Gründungsberater, Entscheidungsträger in der Politik und an die Forschung und Lehre in Berufsakademien, Fachhochschulen und Universitäten. Mit dem Aufbau des vorliegenden Buches wollen wir den Interessen dieser Zielgruppen entsprechen. Zum einen wird jedes Kapitel in Stichpunkten aus der Perspektive der Praxis und der Perspektive der Forschung zusammengefasst. Zum anderen sind die einzelnen Kapitel des Buches in der folgenden Graphik nach ihren Schwerpunkten diesen beiden Perspektiven zugeordnet. Einige Kapitel gelten für beide Zielgruppen gleichermaßen und sind daher mittig eingeordnet. Den selektiven Lesern ermöglicht diese Struktur eine schnelle Übersicht über die interessierenden Kapitel. Gründer und Unternehmer können sich somit gezielt die praxisrelevanten Aspekte unserer Untersuchung herausfiltern. Der interessierte Forscher kann sich dagegen gezielt einen Überblick über die theoretische Fundierung und die Implikationen unserer Studie verschaffen.

THEORIE	PRAXIS

Kapitel 1
Gründerteams: Ein Phänomen der letzten
15 Jahre?

Kapitel 2
Zielsetzung und Aufbau des Buches

Kapitel 3
Die Erfolgsfaktoren von Gründerteams

Kapitel 4
Die Konzeption der Untersuchung

Kapitel 5–8
Ergebnisse der Befragung
5 Merkmale der Unternehmen und der
Gründerteams
6 Die Soziale Interaktion der befragten
Gründerteams
7 Der Erfolg der befragten Gründerteams
8 Empirische Überprüfung der Untersuchungshypothesen

Kapitel 9
Instrument zur Bestimmung der Qualität
der Sozialen Interaktion in Gründerteams

Kapitel 10
Resümee und Ausblick

Im **ersten Kapitel** grenzen wir den Begriff Gründerteams gegenüber anderen Gründungsformen ab. Anhand einer historischen Analyse der Gründungs- und Entwicklungsverläufe besonders erfolgreicher und weltweit bekannter Unternehmen können wir zeigen, dass Unternehmensgründung in Teams kein Phänomen der letzten Dekade ist. Wohl aber ist ein Trend erkennbar, dass die Bedeutung von Gründerteams künftig zunehmen wird.

Im **dritten Kapitel** werden aus der Literatur diejenigen Erfolgsfaktoren abgeleitet, die Gründerteams auszeichnen. Zu Beginn analysieren wir anhand von empirischen Untersuchungen, ob die partnerschaftliche Unternehmensgründung gegenüber der Einzelgründung die erfolgreichere Gründungsform ist. Aus den Vorteilen leiten wir dann zwei wesentliche Gruppen von Erfolgsfaktoren ab: die Merkmale von Gründerteams und die Soziale Interaktion innerhalb von Gründerteams.

Im **vierten Kapitel** werden die Untersuchungshypothesen in einem Bezugsrahmen integriert und die identifizierten Erfolgsfaktoren operationalisiert. Bei der Konzeptualisierung und Operationalisierung der Komponenten der Sozialen Interaktion, greifen wir auf bewährte Konzepte aus den Forschungsfeldern Innovationsteams und Top Management Teams zurück.

Im **fünften Kapitel** werden die Merkmale der befragten 159 jungen Unternehmen und ihrer Gründungsteams beschrieben. Dabei können wir uns auf intensive, persönlich geführte Interviews mit 322 Gründern stützen.

Im **sechsten Kapitel** wird die Messung des zentralen Konstruktes „Qualität der Sozialen Interaktion" beschrieben. Es werden die Ergebnisse der Tests hinsichtlich Zuverlässigkeit und Gültigkeit dieser Messung dokumentiert.

Im **siebten Kapitel** wird die Messung der Erfolgsgrößen beschrieben, und es werden die Ergebnisse der Tests hinsichtlich

Zuverlässigkeit und Gültigkeit der Messung dokumentiert. Unsere Erfolgsmessung stützt sich sowohl auf die subjektiven Einschätzungen der Befragten hinsichtlich der Zielerreichung der Kriterien Kundenzufriedenheit, Wettbewerbsposition, Kosten- und Zeiteffizienz, wirtschaftlicher Erfolg und Unternehmenserfolg als Ganzes als auch auf Kennzahlen zur Umsatzentwicklung, zur Beschäftigtenentwicklung und zum Gewinn bzw. Verlust des Unternehmens in den einzelnen Jahren der Geschäftstätigkeit. Durch eine Kombination beider Arten von Erfolgsmaßen, die jeweils spezifische Meß- und Aussageprobleme aufweisen, wird ein insgesamt gesehen sehr aussagekräftiges Messinstrument für den Unternehmenserfolg entwickelt. Der jeweils erzielte Erfolg muß allerdings am Alter der Unternehmung relativiert werden. Dies geschieht auch in der vorliegenden Untersuchung.

Nach diesen wichtigen Vorarbeiten kann im **achten Kapitel** eine empirische Prüfung des tatsächlichen Einflusses der Qualität der Sozialen Interaktion auf die Entwicklung des Erfolges der jungen Unternehmen vorgenommen werden. Außerdem werden die weiteren Untersuchungshypothesen zum Einfluß der Merkmale der Gründer auf die Qualität der Sozialen Interaktion und den Erfolg des jungen Unternehmens überprüft.

Im anschließenden **neunten Kapitel** wird dem Praktiker ein Analysetool zur Selbstdiagnose der Qualität der Sozialen Interaktion in seinem Gründerteam vorgelegt.

Im **zehnten Kapitel** erfolgt eine kritische Würdigung der vorliegenden Ergebnisse und es werden Konsequenzen für die weitere Forschung und die praktische Anwendung diskutiert.

3 Die Erfolgsfaktoren von Gründerteams

Eines der Hauptargumente für die partnerschaftliche Unternehmensgründung und -entwicklung ist die Möglichkeit, Fähigkeiten und Erfahrungen verschiedener Personen zu kombinieren. Neben den Vorteilen verwiesen Kreditgeber und Risikokapitalgeber in persönlichen Gesprächen aber auch auf die Nachteile dieser Form der Unternehmensgründung. Einige Interviewpartner betonten besonders die Fluktuation einzelner Gründer, die dann häufig zu einer Auflösung des Unternehmens führe. Das Problem der Fluktuation bestätigen auch verschiedene empirische Studien. Sie können für durchschnittlich 50% bis 60% der Gründerteams den Weggang mindestens eines Gründungspartners nachweisen. Auch in den vorgestellten Fallstudien wird dieses Problem deutlich. Als Ursachen für das Auseinanderbrechen der Gründerteams werden persönliche und auch sachbezogene Konflikte genannt, die dann im Misserfolg junger Unternehmen enden. Die möglichen Vor- und Nachteile führen zu den Fragen, die wir in diesem Kapitel analysieren wollen und die für die weitere Untersuchung von zentraler Bedeutung sind:

1. Sind Gründerteams erfolgreicher als Einzelgründer?
2. Was macht den Erfolg von Gründerteams aus?
3. Worin unterscheiden sie sich von Einzelgründungen?

3.1 Der Erfolg von Gründerteams

In der Literatur wird die These vertreten, dass Teamgründungen erfolgreicher sind als Einzelgründungen[26]. Folgt man den allgemeinen Argumenten zu den Vorteilen von Gründerteams, dann ist die Überlegenheit gegenüber Einzelgründern frappierend. Die Argumente für diesen Zusammenhang zwischen Team und Unternehmenserfolg werden im wesentlichen aus der zu bewältigenden Aufgabenkomplexität abgeleitet. Theoretisch fundiert werden die positiven Erfolgswirkungen mit der Humankapitaltheorie[27]. Die angeführten Vorteile können folgenden drei Gruppen zugeordnet werden.

1. Sozio-psychologische Vorteile: Die Arbeit in der Gruppe gibt den Mitgliedern das Gefühl der gegenseitigen Unterstützung und der Sicherheit, auch in schwierigen privaten Situationen, wie z.B. Krankheit, nicht den Fortbestand des Unternehmens zu gefährden. Auch die gegenseitige Motivation wird als Vorteil gesehen. Boyd, Gumpert (1983) merken hierzu an: „In addition positive psychological effects were identified. Working together in a team lowers entrepreneurial stress caused by the entrepreneurial situation. The team members can also trust and support each other".

2. Kapazitative Vorteile: Gerade während der Gründungsphase und der ersten Entwicklungsphase eines Unternehmens ist eine ausreichende Personalkapazität von Führungskräften notwendig, um die vielfältigen Aufgaben fehlerfrei und nachhaltig erfüllen zu können. Ein weiterer Vorteil der vorhandenen Kapazitäten liegt in der Möglichkeit des Aufbaus von umfassenderen und stärkeren Netzwerken. Einige Auto-

---

26 Pleschak/ Werner (1999), S. 31
27 Becker (1975); Brüderl et al. (1998)

ren verweisen auch darauf, dass in einer partnerschaftlichen Gründung ein höheres Kapitalvolumen in Form von Eigen- und Fremdkapital wahrscheinlicher ist[28]. Dieser Vorteil erscheint deshalb sehr wichtig, da gerade die Finanzierung ein kritischer Erfolgsfaktor junger Unternehmen ist[29]. Im Durchschnitt scheitern etwa 40% der jungen Unternehmen an einer zu dünnen Kapitaldecke[30]. Durch die Möglichkeit der gegenseitigen Vertretung wird die Abhängigkeit des Unternehmens von einer einzelnen Person reduziert, so dass trotz Krankheit oder Verlust eines Gründers, wie z.B. im Fall von Microsoft oder Siemens, nicht der Bestand des Unternehmens gefährdet[31] wird. So hat Microsoft die schwere Krankheit von Paul Allen überlebt und Siemens den Verlust eines Mitbegründers.

3. Fähigkeits- und Wissensvorteile: In gemeinsamen Diskussions- und Entscheidungsprozessen können bessere Entscheidungen getroffen werden. Vor allem bei den kritischen Entscheidungen besteht die Möglichkeit der gegenseitigen Abstimmung unter Verwendung der verschiedenen Erfahrungen. Durch die Ergänzung der verschiedenen Fähigkeiten und Wissenshintergründe ist es möglich, in kürzeren Zeitspannen Innovationen erfolgreich zu implementieren[32]. Gerade diese Kombination verschiedener Merkmale, die

---

28 Szyperski/ Nathusius (1977); Picot et al. (1989)
29 May (1981), Hunsdiek/ May-Strobel (1986); Kailer (1986); Klandt (1984), S. 124 ff.; Storey (1994)
30 Hunsdiek (1987), Tabelle 6, S. 43.
   Bei Kulicke et al. (1987), Abbildung 50, S. 177: Die Deckung des Kapitalbedarfs sehen 70% der Unternehmen als Hauptproblem der zukünftigen Unternehmensentwicklung an
31 Cooper/ Daily (1996)
32 Ensley (1997); Brüderl et al. (1998), S. 39

auch als Heterogenität von Teams bezeichnet wird, gilt als ein Schlüsselfaktor für den Erfolg von Gründerteams. Als weitere Vorteile für die partnerschaftliche Gründung werden die Überbrückung von Problemen bei der Rekrutierung von Arbeitskräften genannt[33].

Aus der Betrachtung der Vorteile wird die Überlegenheit von Gründerteams deutlich. Aber gibt es Hinweise, ob diese Vorteile auch in der Praxis erfolgswirksam sind?

Zur Beantwortung dieser Frage wollen wir eine Auswahl von empirischen Untersuchungen betrachten, die sich mit dem Thema der Erfolgseinflüsse auf den Unternehmenserfolg junger Unternehmen beschäftigen und u.a. Gründerteams mit Einzelgründern vergleichen.

Tabelle 2: Ergebnisse empirischer Untersuchungen zum Erfolgsvergleich von Team- und Einzelgründungen

Jahr	Autoren	Art der Studie	Stichproben-größe & Branche	Erfolgsmaße	Erhebungs-land	Ergebnis
1977	Cooper, Bruno	Feldstudie	250 High-Tech	Umsatz/Jahr	USA	Anteil Teams in Erfolgsgruppe 76%
						Anteil Einzelgründer in Erfolgsgruppe 24%
						Unterschied signifikant
1980	Obermayer	Fallstudie	33 Unternehmen	Umsatz/Jahr	USA	3 von 10 Einzelgründungen erreichen einen Umsatz > $6 Mio.
						16 von 23 Teamgründungen erreichen einen Umsatz > $6 Mio.
1985	Klandt, Kirschbaum	Fallstudie	25 Software	Umsatz/Jahr # Mitarbeiter/ Jahr	D	Erfolgreiche Teams 38%
						Erfolgreiche Einzelgründer 18%

---

33 Brüderl et al. (1998), S. 188

Tabelle 2: *Ergebnisse empirischer Untersuchungen zum Erfolgsvergleich von Team- und Einzelgründungen* (Fortsetzung)

Jahr	Autoren	Art der Studie	Stichproben-größe & Branche	Erfolgsmaße	Erhebungs-land	Ergebnis
1986	Teach, Tarpley, Schwartz	Feldstudie	237 Software	Umsatz/Jahr	USA	Erfolgreiche Teams 46% Erfolgreiche Einzel-gründer 16%
1987	Albach, Hunsdiek	Feldstudie	67 High-Tech	Umsatz/Jahr Umsatz/Mit-arbeiter	D	Erfolgreiche Teams 43% Erfolgreiche Einzel-gründer 20%
1989	Picot, Laub, Schneider	Feldstudie	52 Tech Unter-nehmen versch. Branchen	Umsatz/Jahr # Mitarbeiter/Jahr # offene Aufträge	D	Erfolgreiche Teams 63% Erfolgreiche Einzel-gründer 38%
1989	Feeser, Willard	Feldstudie	42 Computer Hardware	Umsatz/Jahr # Mitarbeiter/Jahr	USA	Teams erfolgreicher (nicht quantifiziert)
1989	Mayer, Heinzel, Müller	Feldstudie	45 High-Tech	Umsatz/Jahr # Mitarbeiter/Jahr Innovations-grad	D	Teams zeigen leicht erhöhte Wachstums-raten (nicht quantifiziert)
1992	Doutriaux	Longitudi-nal 8 Jahre	73 High-Tech	Umsatz/Jahr über 8 Jahre	CAN	Signifikanter Erfolgs-einfluss der Gründerzahl auf den Umsatz nach 3-4 Jahren gemessen
1993	Kulicke u.a.	Feldstudie	93 Tech. Unter-nehmen versch. Branchen	Umsatz/Jahr	D	Signifikanter Erfolgs-einfluss 76% der erfolgrei-chen Unternehmen sind Teamgründun-gen 60% der erfolglosen Unternehmen sind Einzelgründungen
1996	Brüderl, Preisen-dörfer, Ziegler	Feldstudie	1.710 alle Branchen	Überleben Umsatzwachs-tum Mitarbeiter-wachstum	D	Keine eindeutigen Befunde Bei bivariater Analyse Teams erfolgreicher, im multivariaten Test nicht signifikant
1999	Pleschak, Werner	Feldstudie	124 Tech. Unter-nehmen versch. Branchen	Überleben Umsatzwachs-tum Mitarbeiter-wachstum	D	Teams tendenziell erfolgreicher Nicht signifikant

Das Ergebnis der Analyse fällt eindeutig aus: In allen vorliegenden Untersuchungen sind Gründerteams erfolgreicher als Einzelgründer. Diese Aussage gilt unabhängig von dem jeweiligen geographischen Raum oder von der Branche. Einschränkend ist allerdings zu erwähnen, dass der Schwerpunkt der Untersuchungen, wie schon in den Betrachtungen zuvor, auf High-Tech-Unternehmen liegt. Hier scheint sich der vermutete Zusammenhang zwischen der Aufgabenkomplexität und der Gründung im Team zu bestätigen. Offensichtlich verlangt eine erfolgreiche Unternehmensgründung in einer High-Tech-Industrie mehr Fähigkeiten als die, über die eine einzelne Person verfügt[34]. Dementsprechend basieren die Hauptargumente für den Erfolg von Gründerteams auf der Möglichkeit, die verschiedenen Charaktere, Eigenschaften und Fähigkeiten der Teammitglieder zu kombinieren[35].

Aus methodischer Sicht ist einzuwenden, dass ein aus mehreren Personen bestehendes Team natürlich ceteris paribus mehr Ressourcen einbringen kann als ein Einzelgründer. Deshalb ist der vorliegende Befund nicht sonderlich überraschend. Interessanter wäre es zu prüfen, ob z.B. zwei zufällig herausgegriffene Einzelgründungen in der Summe ihres Erfolges besser oder schlechter abschneiden als eine dyadische Teamgründung. Wenn man dieses Zufallsexperiment sehr häufig durchführt, dann sollten sich gewisse Tendenzen ableiten lassen. Natürlich kann man dieses Nominalgruppenexperiment, das in der Sozialpsychologie wohl bekannt ist, auch auf triadische Teamgründungen und Teamgründungen mit mehr als drei Personen leicht ausdehnen, so dass man vielleicht auch gewisse Hinweise auf eine optimale Zahl von Gründern bei einer Team-

---

34 Gartner (1985), S. 703
35 Vesper (1990); Vyakarnam et al. (1997)

gründung gewinnt. Mit unserer Untersuchung, die sich aus forschungsökonomischen Gründen auf Teamgründungen fokussierte, kann ein solcher Test (noch) nicht durchgeführt werden. Aber es liegt nahe, dass nur ein fairer Vergleich von Team- und Einzelgründungen zu wirklich aussagekräftigen Ergebnissen führt und damit auch Antworten auf die Frage liefert, ob man Teamgründungen in hochtechnologiebasierten Branchen durch geeignete Instrumente in besonderer Weise fördern sollte.

Die referierten Befunde erlauben nur eine Durchschnittsaussage – ob die Teamgründung im Einzelfall wirklich besser abschneidet als die Einzelgründung, kann man nur sehr bedingt folgern. Mit unserer Studie wollen wir der „wahren" Überlegenheit von Teamgründungen näher kommen, indem wir die Bandbreite des Erfolges aufzeigen und nach Erklärungen suchen, die angeben, unter welchen Bedingungen Gründerteams besonders erfolgreich sind und wann sie sogar bei einem naiven und etwas unfairen Vergleich schlechter abschneiden als Einzelgründungen. Kennt man die Ausprägungen dieser spezifischen Bedingungen, dann kann man das Entwicklungspotenzial des jeweiligen Einzelfalles natürlich auch sehr viel treffsicherer beurteilen.

3.2 Die Risiken von Gründerteams

Die betrachteten empirischen Studien konstatieren einen zunehmenden Trend für partnerschaftliche Unternehmensgründungen und bestätigen Teams ausnahmslos als das erfolgreichere Gründungskonzept. Diese Aussage ist allerdings nicht völlig uneingeschränkt hinzunehmen, denn die analysierten Studien weisen einige methodische und konzeptionelle Einschränkungen auf, die zu verzerrten Aussagen führen könnten.

Eine methodische Einschränkung wird von Brüderl et al. angeführt. Sie stellen fest, dass sich bei bivariaten Analysen positive Teameffekte einstellen, die sich hingegen bei multivariaten Analysen nicht mehr nachweisen lassen. Die Autoren kommen zu dem Schluss:, „... dass – bei gleicher Humankapitalausstattung, gleichen Betriebscharakteristika und gleichen Umfeldbedingungen – Partnergründungen zunächst einmal nicht besser abschneiden als Alleingründungen"[36].

Bei dieser Argumentation vernachlässigen sie allerdings, dass Gründerteams im allgemeinen über ein größeres Humankapital verfügen als Einzelgründer, dass sie bei bestimmten Betriebscharakteristika und bestimmten Umfeldbedingungen besonders vorteilhaft erscheinen und deshalb gerade dort gewählt werden. Es gibt demzufolge indirekte Effekte der Teamgründung, die in dem einstufigen Test von Brüderl et al. vernachlässigt werden. Geeigneter wäre eine mehrstufig angelegte Pfadanalyse, die auch die indirekten Effekte angemessen berücksichtigt. Nur eines macht ihr Befund deutlich: Wenn der Einzelgründer im konkreten Einzelfall – aus welchen Gründen auch immer – z.B. über ein gleich hohes Humankapital verfügt wie die Teamgründer, dann hat er auch die gleichen Erfolgschancen. Die Gründerteams sind also nicht per se überlegen, sondern aufgrund bestimmter Effekte, die man in Pfadanalysen bestimmen kann.

Eine wesentliche konzeptionelle Einschränkung der vorliegenden Studien ist, dass sie die Nachteile von Teams kaum berücksichtigen. Keine der angeführten Studien analysiert bspw. die Fluktuationsraten und ihre Auswirkungen auf den Unternehmenserfolg. Kamm et al. berichten, dass fast die Hälfte der Gründerteams von den in 1983 am schnellsten wachsenden Un-

---

36 Brüderl et al. (1998), S. 189

ternehmen am Ende scheiterten[37]. Im Gegensatz zur Forschung nimmt die Praxis das erhöhte Risikopotenzial von Gründerteams aber schon eindeutig wahr. So wiesen Risikokapitalgeber und Banker in Diskussionen und persönlichen Interviews nicht nur auf die Vorteile von Teamgründungen hin, sondern betonten auch ausdrücklich mögliche Risiken. Teams tragen zumindest das Potenzial für ineffiziente Kommunikation, komplexe und langandauernde Entscheidungsprozesse und persönliche Konflikte in sich.

Dysfunktionen wie Gruppenverluste, Mobbing, Gruppendenken und Risikoverschiebungen sind in der Teamliteratur detailliert dokumentiert[38]. Warum sollten diese Probleme nicht auch in Gründerteams auftreten? Bestätigt wird diese Annahme durch die Ergebnisse der Umfrage von Brüderl et al., die in 29% aller Teamgründungen ernsthafte Konflikte nachweisen. Als häufigste Konfliktursachen geben die Befragten Probleme beim Arbeitseinsatz (64%), bei finanziellen Angelegenheiten (54%), bei der Betriebsorganisation (43%) sowie im persönlichen Bereich (41%) an[39].

Eine weitere konzeptionelle Einschränkung, wird in den Diskussionen um die Vorteile von Gründerteams deutlich. Es wird stillschweigend eine heterogene Teamzusammensetzung vorausgesetzt, d.h. Teams werden so gebildet, dass sie ein breites Spektrum an Fähigkeiten und Erfahrungen abdecken. Diese Annahme ist aber nur dann begründet, wenn die Gründer bei der Teambildung bewusst auf solche Merkmale achten.

---

37 Kamm et al. (1990), S. 9
38 Latané et al. (1979); Janis/ Mann (1977); Janis (1982); Brüderl et al. (1998), S. 188
39 Brüderl et al. (1998), S. 191 f.

Die Bildung von Gründerteams ist ein sehr komplexer und von Zufällen geprägter Prozess[40]. In den Interviews, die wir geführt haben, bemerkten die befragten Gründer häufig, dass sie ohne ihre jeweiligen Partner das Unternehmen nicht gegründet hätten. Dabei führten viele ihre Partnerschaft auf emotionale Beweggründe zurück. Dies bestätigen auch andere Autoren, welche die Bildung der Gründerteams hauptsächlich auf Freundschaften, familiäre Bindungen oder auf die Zusammenarbeit bei gemeinsamen Arbeitgebern zurückführen[41]. Dementsprechend spielt für die Teambildung die Partnervermittlung durch Dritte nur eine untergeordnete Rolle[42]. Es ist damit fraglich, ob die Gründerteams aus der Perspektive der Aufgabenanforderungen „optimal" besetzt sind. Diese Annahme wird von Brüderl et al. empirisch untermauert, die bei 48% der Partner in Gründerteams einen gleichen beruflichen Hintergrund aufzeigen können[43]. Wenn aber die Besetzung der Teams nicht unter der Optimalitätsprämisse sich ergänzender Merkmale und Fähigkeiten vorgenommen werden, dann fallen die Nachteile und Risiken von Teams noch stärker ins Gewicht. Ein Einzelgründer hat im Vergleich zu einer Teamgründung wesentlich mehr Möglichkeiten sich eine Führungsmannschaft zusammenzustellen, die sowohl unter dem Gesichtspunkt der

---

40 Silver (1983), S. 127; Rich/ Gumpert (1985), S.129; Kamm et al. (1990), S. 10

41 Vyakarnam et al. (1997), S.3 und die dort angegebene Literatur; Kamm et al. (1990), S. 11 und die dort angegebene Literatur

42 Neumann (1989), S. 35 f.

43 Brüderl et al. (1998), S. 188. Zu ähnlichen Ergebnissen kommen Kulicke et al. (1993), S. 33 Tabelle 2: In den befragten jungen Technologieunternehmen haben 81% der befragten Gründer einen technischen, 32% einen naturwissenschaftlichen und nur 12% einen kaufmännisch/betriebswirtschaftlichen Ausbildungsabschluss.

Aufgabenanforderungen als auch unter dem Gesichtspunkt der Zusammenarbeit gut miteinander harmoniert. Er hat auch mehr Möglichkeiten, sich von einzelnen Mitglieder der Führungsmannschaft zu verabschieden.[44]

3.3 Merkmale von Gründerteams als Erfolgsfaktor

In der Gründungsforschung nehmen die soziodemographischen Merkmale und Motive von (Einzel-)Gründern einen Schwerpunkt ein[45]. In zahlreichen empirischen Studien werden die Merkmale von Gründern und ihr Einfluss auf den Gründungs- bzw. Unternehmenserfolg untersucht[46]. Das Ziel unserer Studie ist die Ableitung und empirische Überprüfung der Erfolgseinflüsse der Merkmale von Gründerteams. Auf eine umfassende Darstellung der Merkmale von Gründern wird verzichtet. Wir beschränken uns in unseren Betrachtungen auf teamspezifische Merkmale und greifen nur im Einzelfall auf Persönlichkeitsmerkmale der einzelnen Gründer zurück.

Die Vorteile von Teams gegenüber Einzelgründern werden häufig aus der Kombination von Merkmalen einzelner Gründer abgeleitet. Theoretische Fundierung findet dieses Argument in der Humankapitaltheorie. Die Humankapitaltheorie wurde ursprünglich in der arbeitsmarkttheoretischen Forschung im Kontext abhängig Beschäftigter entwickelt. Sie postuliert einen Zusammenhang zwischen der Höhe der erzielten Gehälter mit

---

44 Allerdings können Konkurrenten wichtige Schlüsselpersonen auch leichter abwerben, da sie eine weniger starke Bindung zum Unternehmen besitzen.

45 Gemünden/ Konrad (2000), S. 9 f.

46 Klandt (1984); Kuipers (1990); Roberts (1991); Picot et al. (1995); Barth (1995); Brüderl et al. (1998)

den spezifischen Fähigkeiten der Angestellten, die auch als Humankapital bezeichnet werden. Im Kontext der Gründungsforschung wird ein positiver Zusammenhang zwischen der Höhe des verfügbaren Humankapitals der Gründer und dem Unternehmenserfolg postuliert[47]. Empirisch überprüft wird diese Hypothese häufig mit der Teamgröße und mit der Heterogenität in den Merkmalen der Gründungspartner.

Über die Wirkungen der Teamgröße liegen bislang unterschiedliche Ergebnisse vor.

1. Einen positiven Einfluss der Teamgröße auf den Unternehmenserfolg können Cooper, Bruno (1977), Teach et al. (1986), Eisenhardt, Schoonhoven (1990) und Ensley (1997) nachweisen[48].

2. Kulicke kann in ihrer Studie hingegen keine Beziehung zwischen der Teamgröße und dem Unternehmenserfolg feststellen: „Die Variable Gründerzahl (...) leistet keinen Erklärungsbeitrag im Hinblick auf die Streuung der Umsätze der befragten technologieorientierten Unternehmen"[49]. Diese Aussage können auch Pleschak, Werner (1999) bestätigen.

3. Eine Antwort auf die unterschiedlichen Ergebnisse geben Brüderl et al., die in ihrer bivariaten Datenanalyse für die Größe von Gründerteams signifikant bessere Erfolgs- und Überlebenschancen nachweisen können. Allerdings verschwinden diese Größenvorteile beim Einsatz multivariater Datenanalysemethoden. Bei gleicher Gründungssituation, wie Startkapital oder Anzahl der Beschäftigten zu Beginn

---

47 Cooper et al. (1994); Gemünden/ Konrad (2000), S. 9 f.; Wanzenböck (1998), S.19; Brüderl et al. (1998), S.43 ff.

48 Teach et al. (1986), S.550; Eisenhardt/Schoonhoven (1990), S. 529; Ensley (1997), S. 183

49 Kulicke (1987), S. 269

der Geschäftstätigkeit, hat die Teamgröße keinen Einfluss auf den Erfolg[50].

Neben den methodischen Einschränkungen können die unterschiedlichen Ergebnisse aber auch im Lichte zweier inhaltlicher Überlegungen betrachtet werden: Entweder die Besetzung der Teams erfolgt nicht bewusst nach den Merkmalen und Fähigkeiten potenzieller Teammitglieder, wodurch die Größenvorteile einer Teamgründung nicht in vollem Umfang zur Geltung kommen, oder andere Faktoren überlagern die positiven Einflüsse der Teammerkmale.

Dem ersten Erklärungsansatz folgend analysieren einige empirische Studien die Erfolgswirkungen der Merkmalskombinationen der Gründer, die auch als Heterogenität bezeichnet wird[51]. Im wesentlichen wird die Heterogenität der Teams anhand von Abweichungen in den demographischen Merkmalen und den Fähigkeiten der Teammitglieder untersucht. Ihre Hypothese, dass diejenigen Teams erfolgreicher sind, deren Mitglieder über unterschiedliche Industrieerfahrung verfügen, begründen Eisenhardt und Schoonhoven mit dem Entstehen von konstruktiven Konflikten, die in ihrer Folge zu besseren Entscheidungen und zur Vermeidung von Fehlern führen[52].

Bisher können Erfolgswirkungen der Heterogenität empirisch nicht eindeutig nachgewiesen werden. Anhand ihrer Umfragedaten bestätigen Eisenhardt, Schoonhoven (1990) zwar eine signifikante Erfolgswirkung, aber Ensley (1997) findet in seinen Daten keinen Anhaltspunkt für einen direkten Einfluss der Merkmalskombinationen auf den Unternehmenserfolg.

---

50 Brüderl et al. (1998), S. 189
51 Teal et al. (1986); Eisenhardt/ Schoonhoven (1990), Ensley (1997), Teach (1998), Teal (1998)
52 Eisenhardt/Schoonhoven (1990), S. 510

In der Teamforschung werden verschiedene Phasen der Teambildung diskutiert. Eines der bekanntesten Modelle ist das von Tuckman[53], der den Teambildungsprozess in die Phasen Forming, Storming, Norming, Performing, einteilt. Dieses Phasenmodell postuliert einen Zusammenhang zwischen dem Alter eines Teams und der Teamleistung. Die Frage nach der optimalen Dauer der Zusammengehörigkeit zur Maximierung des Leistungsniveaus wird konträr diskutiert. Neben dem Alter kann auch die Fluktuation als eine Einflussgröße auf den Teamerfolg angesehen werden. Wenn ein Partner das Team verlässt, kann dies zu Kapazitätsengpässen führen und die Vorteile der gegenseitigen Ergänzung der Merkmale und Fähigkeiten werden eingeschränkt oder gehen bei Teams mit zwei Partnern sogar ganz verloren.

In unserer Diskussion konnten wir auf Ergebnisse anderer Studien zurückgreifen, die Wirkungen der Merkmale von Gründerteams auf den Unternehmenserfolg nachweisen. Diesen Zusammenhang wollen wir für unsere Untersuchung in folgender zu prüfenden Hypothese festhalten:

H 1: Die Merkmale von Gründerteams beeinflussen den Erfolg junger technologieorientierter Unternehmen.

3.4 Die Soziale Interaktion als Erfolgsfaktor

Es wäre eine zu enge Sichtweise, wenn man die Merkmale der Teammitglieder als ausschließliche Erfolgsfaktoren ansieht, denn mit ihnen lässt sich nicht erklären, warum Teams mit ähnlichen Voraussetzungen dennoch unterschiedliche Leistungsniveaus erreichen.

---

53 Tuckman (1965)

Neben den Merkmalen der Teams ist vor allem der Prozess der Zusammenarbeit im Team als Einflussgröße auf den Erfolg junger Unternehmen zu betrachten.

Die Diskussion der Risiken von Gründerteams bezieht sich häufiger auf diesen Prozess der Zusammenarbeit, in dem z.B. Konflikte zwischen den Gründern als ein bedeutendes Risiko für eine Trennung oder einen Misserfolg gesehen werden. Dennoch wurde die Notwendigkeit einer systematischen Analyse der Zusammenarbeit innerhalb von Gründerteams und ihre Auswirkung auf den Unternehmenserfolg bisher kaum beachtet, obwohl die Ergebnisse über die Wirkungen der Qualität der Zusammenarbeit in Teams auf den Erfolg schon in anderen Forschungsbereichen der Betriebswirtschaft eindeutig nachgewiesen werden konnten[54].

Aber auch von Gründerteams selbst wird die Qualität der Zusammenarbeit nicht unmittelbar als Erfolgsfaktor wahrgenommen. In einem Interview nannten die Gründer als Erfolgsfaktoren z.B. die richtige Idee zum richtigen Zeitpunkt. Aber die hohe Qualität der Zusammenarbeit im Team sahen sie nicht. Dies zeigten erst die Ergebnisse unserer Untersuchung.

Der Begriff der Zusammenarbeit im Team wurde bisher relativ vage verwendet. Um ihn klarer gegenüber inhaltlichen aufgabenbezogenen Aktivitäten abzugrenzen, bezeichnen wir die Zusammenarbeit innerhalb von Gründerteams als „Soziale Interaktion".

Unsere Studie ist fokussiert auf die Soziale Interaktion als Prozessgröße und nicht auf die Qualität der unternehmerischen Entscheidungen oder der Managementaktivitäten. Die letztgenannten Bereiche werden schon teilweise von Erfolgs-

---

54 Einen Überblick über neuere Forschungsergebnisse geben Gemünden/ Högl (2000)

faktorenstudien abgedeckt. Gerade die partnerschaftliche Gründung einer Unternehmung ist für die Beteiligten eine außergewöhnliche Situation und stellt damit hohe Anforderungen an ihre soziale Kompetenz. Man kann auch sagen, dass die Qualität der Sozialen Interaktion im Gründerteam Ausdruck der gelebten sozialen Kompetenz der Gründer ist.

Ein zweiter Grund für unseren Fokus auf den sozialen Aspekt der Zusammenarbeit ist die bisherige Forschungslücke. Im Bereich der Gründungsforschung finden wir zur Sozialen Interaktion nur vereinzelte konzeptionelle und empirische Untersuchungen. Der von Müller-Böling vorgeschlagene konzeptionelle Bezugsrahmen zur Partnerschaftsgründung enthält unter dem Einflussfaktor Gründungsplanung den sehr allgemein und vage gehaltenen Punkt „Gruppendynamik"[55]. Als eigenständige Komponente wird die Qualität der Sozialen Interaktion von Gründerteams i.d.R. aber noch nicht gesehen.

Die meisten empirischen Arbeiten zu Gründerteams konzentrieren sich hauptsächlich auf den Prozess der Teamfindung sowie der Unternehmensgründung und ihren Einfluss auf den Unternehmenserfolg[56]. Zu den Ausnahmen zählt die Arbeit von Watson et al. (1995), die den Einfluss der Effektivität des Teamprozesses auf den Erfolg junger Unternehmen untersucht. Zur Bestimmung des Teamprozesses verwenden Watson et al. die Variablen Führungsverhalten, Flexibilität, Teambindung, und die Bereitschaft der Teammitglieder, sich gegenseitig zu helfen. Nach den Ergebnissen sind die beiden wichtigsten Variablen für den Unternehmenserfolg das Führungsverhalten und die Teambindung.

---

55 Müller-Böling (1989) S. 193
56 Cooper/ Daily (1996); Cooney/ Bygrave (1997); Vyakarnam et al. (1997)

Cooper und Daily (1996) fanden heraus, dass der Konsens bei Entscheidungen innerhalb der Gründerteams nicht unbedingt von Vorteil ist. Sie argumentieren, dass das Fehlen eines Konsens zu einer größeren Vielfalt von Problemlösungsansätzen führt[57]. Darüber hinaus analysieren sie die Wirkungen der Heterogenität der Teammerkmale und einige psychologische Aspekte auf den Unternehmenserfolg.

Ensley (1997) untersucht die Wirkungen der Heterogenität der Teamfähigkeiten und der Teamkonflikte[58] auf die strategische Ausrichtung und den Erfolg junger Unternehmen. Er kann negative Auswirkungen von affektiven Konflikten auf die strategische Orientierung nachweisen, allerdings findet er keine Bestätigung für einen direkten Einfluss der affektiven Konflikte auf den Unternehmenserfolg.

In Deutschland konnten bei Gründungsplanspielen die Unterschiede der Leistungen der beteiligten Teams vor allem durch die Harmonie in der Gruppe, die aktive Kommunikation sowie die Anzahl der Interaktionen erklärt werden[59].

Die Ergebnisse der wenigen empirischen Untersuchungen zum Teamprozess und seinen Auswirkungen auf den Unternehmenserfolg sind vielversprechend, aber es fehlt bislang an einer theoretischen Konzeption der Zusammenarbeit im Gründerteam. Generell bieten sich hierzu zwei Möglichkeiten. Anhand einer Analyse von Gründerteams kann ein theoretisches Konzept der Zusammenarbeit im Gründerteam entwickelt werden

---

57 Cooper/ Daily (1996) S. 139

58 Ensley (1997), S. 33 f.: unterscheidet zwischen zwei Arten von Konflikten: Den affektiven Konflikten, die ausschließlich emotional bedingt sind und den kognitiven Konflikten, die ausschließlich sachbezogen sind.

59 Meyer (1989), S. 157 f.

oder es kann auf Konzepte anderer Forschungsbereiche zurückgegriffen werden. Für unsere Untersuchung bietet sich die zweite Möglichkeit an. Aus dem breiten Angebot eines stark anwachsenden Körpers von theoretischen Konzepten und empirischen Untersuchungen, die Teams als organisatorische Strukturelemente unter den verschiedensten Perspektiven diskutieren, gilt es eine Auswahl zu treffen[60].

Für Gründerteams als unseren Untersuchungsgegenstand sind vor allem die Konzepte zu Top Management Teams und Innovationsteams von besonderem Interesse. Zum einen übernehmen die Mitglieder von Gründerteams Aufgaben der Geschäftsführung, die sie vor neue Anforderungen stellen können. Zum anderen sind auch die Produkte und Dienstleistungen, die das neu gegründete Unternehmen anbietet, häufig innovativ und können sich gerade deshalb am Markt durchsetzen. Daher ist die Gründungsaufgabe auch eine innovative Aufgabe. Umgekehrt wird auch im Rahmen des Innovationsmanagements postuliert, dass innovative Aufgaben an interdisziplinär besetzte Teams delegiert werden, die mit einem hohen Maß an Entscheidungskompetenz und Führungsverantwortung ausgestattet sind. Man gewährt ihnen besondere unternehmerische Freiheiten, um kreative Lösungen zu erzielen, oder deren Entwicklung und Durchsetzung zu beschleunigen. Daher sind theoretische und empirische Arbeiten über Teams auf diesen beiden Gebieten besonders gute Vorarbeiten für die vorliegende Studie.

---

60 Gladstein (1984); Hackman (1987); Bartölke (1992); Winddiek (1992); Antoni et al.(1996); Cohen/ Bailey (1997); Högl (1998); Helfert (1998)

Tabelle 3: *Vergleich der Merkmale verschiedener Teamarten*

Jahr	Autoren	Art der Studie	Stichproben- größe & Branche	Erfolgsmaße	Erhebungs- land	Ergebnis
1977	Cooper, Bruno	Feldstudie	250 High-Tech	Umsatz/Jahr	USA	Anteil Teams in Erfolgsgruppe 76% Anteil Einzelgründer in Erfolgsgruppe 24% Unterschied signifikant
1980	Obermayer	Fallstudie	33 Unternehmen	Umsatz/Jahr	USA	3 von 10 Einzelgrün- dungen erreichen einen Umsatz > \$6 Mio. 16 von 23 Team- gründungen erreichen einen Umsatz > \$6 Mio.
1985	Klandt, Kirsch- baum	Fallstudie	25 Software	Umsatz/Jahr # Mitarbeiter/ Jahr	D	Erfolgreiche Teams 38% Erfolgreiche Einzel- gründer 18%

Um zu prüfen, ob Gründerteams mit Innovations- und Top Management Teams verglichen werden können und damit die theoretischen und empirisch entwickelten Konzepte übertrag- bar sind, haben wir wesentliche Merkmale dieser Teams in der Tabelle gegenübergestellt.

Als Ergebnis unserer Betrachtung ist festzuhalten, dass die drei Teamarten sich hinsichtlich ihrer situativen Merkmale sehr ähnlich sind. Alle Teams sind mit einer dynamischen Um- welt konfrontiert und müssen innovative Aufgaben lösen. Um es mit den Worten von Schumpeter zu umschreiben: Sie müssen Gewinnchancen wahrnehmen und neue Faktorkombinationen entwickeln und durchsetzen[61]. Im zeitlichen Ablauf ergeben sich einige Verschiebungen im Aufgabenspektrum von Grün- derteams. Zu Beginn der Aufgabenerfüllung sind die Aufgaben

---

61 Schumpeter (1952); Vyakarnam et al. (1997)

von Innovations- und Gründerteams relativ ähnlich. Beide Teams entwickeln neuartige technische Lösungen oder Dienstleistungen. Erst in der langfristigen Betrachtung ergeben sich Unterschiede. Nach Abschluss der technischen Innovationsphase widmen sich Innovationsteams neuen technischen Lösungen. Für Gründerteams stellt sich dann aber die Aufgabe, die entwickelten technischen Lösungen zunächst erfolgreich am Markt durchzusetzen und eine entsprechende Unternehmensstruktur aufzubauen. Damit stimmen die Aufgaben mit Top Management Teams überein. Man könnte Gründerteams auch als Teams begreifen, die sich in Abhängigkeit ihres Aufgabenspektrums von Innovationsteams hin zu Top Managementteams entwickeln. Ein wesentlicher Unterschied zwischen den Teams besteht in den zu tragenden Risiken. Zwar sind alle drei Teams für die Erreichung der Ergebnisse verantwortlich und die Konsequenzen sind im Misserfolgsfall recht ähnlich, aber Gründer tragen persönlich neben den karrierebezogenen auch erhebliche finanzielle Risiken.

Dennoch ist aufgrund der hohen Übereinstimmung zwischen den situativen Merkmalen eine Übertragung der bereits für Innovations- sowie Top Management Teams entwickelten Konzepte auf die Gründungsforschung gewährleistet. Es sind lediglich unterschiedliche Ausprägungen in den eingesetzten Konzepten zu erwarten, aber in ihrer Grundstruktur stimmen die uns interessierenden Teamprozesse der drei Teamarten überein.

Die Erklärungsansätze im Bereich der Unternehmensführung analysieren besonders die Entscheidungsprozesse innerhalb von Top Management Teams und ihre Auswirkungen auf die Leistungen und den Unternehmenserfolg. Diese Arbeiten sind auch für Gründerteams von besonderem Interesse, da es sich bei Top Management Teams, wie auch bei Gründerteams, um die gemeinschaftliche Unternehmensführung handelt. Die Entscheidungssituation ist in beiden Teams ähnlich, wenn auch die Entscheidungen ganz andere Ausmaße annehmen können und es sich bei den Mitgliedern des Top Managements häufig nicht gleichzeitig um Gesellschafter handelt[62].

Die Erklärungsansätze im Bereich der Innovationsforschung analysieren die Rolle von Teams in Innovationsprozessen. Sie entsprechen dem zweiten Aufgabenschwerpunkt von Gründerteams, nämlich der Innovation, deren Realisierung und erfolgreiche Durchsetzung am Markt. Der Unterschied zwischen Innovationsteams und Gründerteams liegt vor allem in der Entscheidungskompetenz und den Gestaltungsmöglichkeiten der Arbeitsumgebung sowie in der Freiheit zu entscheiden, wer Mitglied des Teams wird. Da besonders der Prozess der Innovation betrachtet wird, kommt dieser Gruppe von Untersuchungen eine besondere Bedeutung zu. Wie wichtig die Qualität der sozialen Interaktion von Innovationsteams für den Innovationserfolg ist, zeigen verschiedene empirische Untersuchungen[63]. Einhellig kommen diese Autoren zu dem Schluss, dass die Soziale Interaktion für eine hohe Teamleistung unabdingbar ist und maßgeblich den Produkt-, Projekt- oder Innovationserfolg beeinflusst[64].

Die vorliegenden Ergebnisse der verschiedenen Forschungsbereiche unterstützen die Annahme, dass die Soziale Interaktion ein Erfolgsfaktor von Gründerteams ist. Für unsere Un-

---

62 Zu einer Analyse der Übertragbarkeit der Konstrukte der Top-Management Teamforschung auf Gründerteams vgl. Dreier (2001)

63 Johne/ Snelson (1990); Clark/ Fujimoto (1991); Coopers (1993); Pinto et al. (1993); Mohrman et al. (1995); Lechler (1997); Högl (1998)

64 Hackman (1987); Gladstein (1984); McGrath (1964); Ancona/ Caldwell (1990); Shea/ Guzzo (1987); Högl (1998)

tersuchung wollen wir diesen Zusammenhang in der folgenden Hypothese festhalten:

H 2: Eine hohe Qualität der Sozialen Interaktion von Gründerteams beeinflusst positiv den Erfolg junger Technologieunternehmen.

3.5 Der Einfluss der Teammerkmale auf die Soziale Interaktion

Bisher haben wir die Merkmale und die Soziale Interaktion von Gründerteams als voneinander unabhängige Einflussfaktoren auf den Unternehmenserfolg betrachtet. Die unabhängige Betrachtung beider Faktorenklassen stellt aber eine zu starke Vereinfachung dar, um zuverlässig ihre Erfolgswirkungen abschätzen zu können. Brüderl et al. zeigen, dass bei partnerschaftlichen Unternehmensgründungen Konflikte mit wachsender Teamgröße anteilig steigen. In der Studie berichten 27% der Gründerteams mit zwei oder drei Partnern von ernsthaften Problemen und Konflikten, in größeren Teams mit vier und mehr Mitgliedern sind es jedoch 45%. Danach müsste eine unabhängige Analyse der Teamgröße einen negativen Einfluss auf den Unternehmenserfolg nachweisen. Greifen wir hierzu nochmals auf die Ergebnisse von Brüderl et al. zurück, die für Gründerteams mit vermehrten Konflikten eine um 8 Prozentpunkte geringere Überlebenswahrscheinlichkeit, aber auch ein um 8 Prozentpunkte höheres Umsatzwachstum und einen um drei Prozentpunkte höheren Beschäftigungszuwachs aufdecken können. Dieses Ergebnis begründen sie mit dem Argument[65], „… dass Konflikte gehäuft zum einen in prekären Situationen

---

65 Brüderl et al. (1998), S.193

auftreten, wenn ein Betrieb vor seinem Ende steht, zum anderen aber auch dann, wenn der Betrieb ein überdurchschnittliches Wachstum verzeichnet." Theoretisch erklären sie dieses Ergebnis mit einer Änderung der Kausalrichtung vom Erfolg hin zu den Konflikten, d.h. wenn sich Erfolg oder Misserfolg einstellt, dann führt diese Situation verstärkt zu Konflikten.

Ohne die kausale Wirkungsrichtung in Frage zu stellen, diskutieren Eisenhardt, Schoonhoven einen Einfluss der Heterogenität der Gründermerkmale im Team. Sie gehen davon aus, dass heterogene Teammerkmale zu erhöhten, aber konstruktiven Konflikten führen. Für einen Einfluss der Heterogenität der Teammerkmale auf die Konflikte kann Ensley mit seinen Daten aber keine Anhaltspunkte finden[66].

Oft kennen sich die Partner schon vor der Unternehmensgründung. Entweder handelt es sich um ehemalige Kollegen oder um freundschaftliche oder verwandtschaftliche Beziehungen. Die Vermutung, dass die vor der Gründung bestandene Beziehung zwischen den Gründern einen Einfluss auf die Interaktion hat, ist naheliegend. Handelt es sich um familiäre Beziehungen, dann ist eine andere Art der Konfliktbewältigung zu erwarten, als bei Partnern, die zusammengearbeitet haben.

Wie die Diskussion und die vorliegenden Ergebnisse zeigen, beeinflussen die Merkmale von Gründerteams die Teamprozesse. Das Zusammenwirken dieser Faktoren muss bei der Analyse der Erfolgswirkungen berücksichtigt werden. Den Zusammenhang zwischen den Merkmalen des Teams und der Sozialen Interaktion halten wir in folgender Wirkungshypothese fest:

---

66 Ensley (1997), S. 102 f. Tabelle 4.5 und 4.6

H 3: Die Merkmale von Gründerteams beeinflussen die Qualität der sozialen Interaktion innerhalb von Gründerteams junger Technologieunternehmen.

3.6 Zusammenfassung

Bei der Analyse der Erfolgsfaktoren von Gründerteams konnten wir eine Forschungslücke aufdecken. Mögliche Risiken zur partnerschaftlichen Unternehmensgründung werden in der Literatur nur vereinzelt und unsystematisch diskutiert[67]. Das Gros der vorliegenden Untersuchungen zu Gründerteams analysiert hauptsächlich die Einflüsse der Teammerkmale auf den Unternehmenserfolg. Hingegen werden die Prozesse der Zusammenarbeit, die wir als Soziale Interaktion von Gründerteams bezeichnen, und ihr Einfluss auf den Unternehmenserfolg bisher theoretisch wie empirisch kaum analysiert. Die wenigen Untersuchungen, die Gruppenprozesse berücksichtigen, beschränken sich auf die Analyse von Konflikten und ihren Auswirkungen[68]. Ein umfassender Ansatz zur Beschreibung der Sozialen Interaktion liegt bisher nicht vor.

Aspekte für die Forschung

- Schwerpunkt ist die Analyse der Merkmale von Gründerteams.
- Nur geringe Beachtung der Sozialen Interaktion als Erfolgsfaktor von Gründerteams.
- Ausschließlich explorative Analyse der Sozialen Interaktion.

---

67 Cooper/Bruno (1977), S.21; Eisenhardt/Schoonhoven (1990); Doutriaux (1992); Brüderl et al. (1998)
68 Ensley (1997)

Aspekte für die Praxis

- Partnerschaftliche Unternehmensgründungen sind erfolgreicher als Einzelgründungen, aber auch schwieriger und konfliktträchtiger.
- Die Merkmale von Gründerteams haben geringen Einfluss auf den Unternehmenserfolg.
- Gründerteams nehmen die Soziale Interaktion als Erfolgsfaktor nicht wahr.

4 Die Konzeption der Untersuchung

Das Ziel unserer Untersuchung ist es, den Unternehmenserfolg von Teamgründungen zu erklären. Vor allem wollen wir die Wirkungen der teamspezifischen Erfolgsfaktoren auf den Unternehmenserfolg überprüfen. Die wesentlichen Unterschiede zwischen Gründerteams und Einzelgründern liegen zum einen in den vorhandenen vielfältigen Fähigkeiten, Kompetenzen und Erfahrungen und zum anderen in der partnerschaftlichen Zusammenarbeit bei der Unternehmensführung.

Andere Faktoren wie die Qualität der unternehmerischen Entscheidungen und Handlungen gelten für Einzelgründer und Teamgründer gleichermaßen. Sie werden daher in der vorliegenden Analyse nicht berücksichtigt.

In diesem Kapitel wird das theoretische Modell unserer Analyse abgeleitet. Zunächst werden die bereits abgeleiteten Hypothesen, welche die Beziehungen zwischen den Modellkomponenten beschreiben, in einem Bezugsrahmen zusammengefasst dargestellt. Der Bezugsrahmen beinhaltet die drei Modellkomponenten Merkmale von Gründerteams, Soziale Interaktion von Gründerteams und Unternehmenserfolg, die im einzelnen definiert und operationalisiert werden. Im Anschluss an die Modellbeschreibung wird das Erhebungskonzept der Studie erläutert.

4.1 Der Bezugsrahmen

Die zu prüfenden Untersuchungshypothesen wollen wir in diesem Kapitel im Zusammenhang graphisch darstellen. Unsere erste Hypothese postuliert eine Erfolgswirkung der Merkmals-kombinationen von Gründerteams, die zweite Hypothese eine Erfolgswirkung der sozialen Interaktion in Gründerteams. Die dritte Hypothese postuliert einen Zusammenhang zwischen den Teammerkmalen und dem Prozess der Zusammenarbeit. Mit den drei in diesem Kapitel abgeleiteten, definierten und operationalisierten Komponenten der Merkmale von Gründer-teams, der Sozialen Interaktion und dem Unternehmenserfolg können wir nun das empirisch zu prüfende Modell genau spe-zifizieren (siehe Abbildung 1).

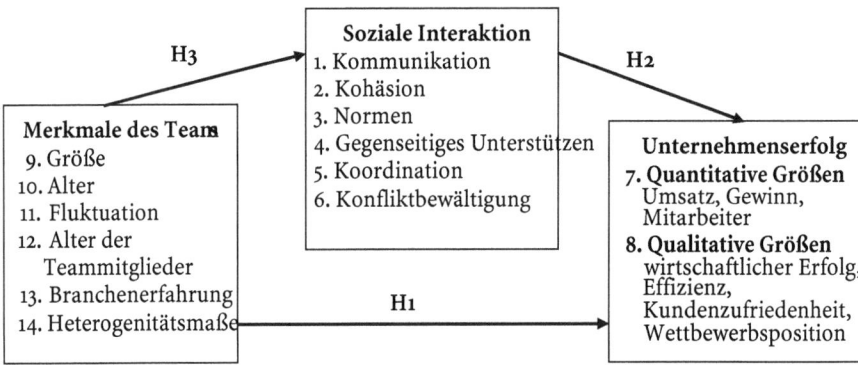

Abbildung 1: Bezugsrahmen der empirischen Untersuchung

In der Grafik sind die in der vorliegenden Untersuchung empi-risch zu prüfenden Hypothesen zu den Wirkungszusammen-hängen mit Pfeilen dargestellt. An den Pfeilen sind die jeweili-gen Bezeichnungen der Hypothesen abgetragen, die im einzelnen folgendermaßen formuliert sind:

H 1: Die Merkmale von Gründerteams beeinflussen den Erfolg junger Technologieunternehmen.

H 2: Die Qualität der sozialen Interaktion innerhalb von Grün-derteams beeinflusst den Erfolg junger Technologieunter-nehmen.

H 3: Die Merkmale von Gründerteams beeinflussen die Qualität der sozialen Interaktion innerhalb von Gründerteams junger Technologieunternehmen.

Anhand einer Befragung von Gründerteams technologieorientierter Unternehmen sollen diese drei Hypothesen einem empirischen Test unterzogen werden. Im folgenden werden die Konzepte zur Operationalisierung und Messung der Teammerkmale, der Sozialen Interaktion und des Unternehmenserfolgs vorgestellt.

4.2 Operationalisierung der Merkmale von Gründerteams

In der Diskussion um die Einflüsse von Teammerkmalen auf den Unternehmenserfolg wurde besonders die Teamgröße häufig genannt und empirisch überprüft. Die Teamgröße lässt sich leicht erfassen und bietet sich auch für unsere Studie an. Sie wurde für den Zeitraum von 1995 bis 1999 erfasst. Mit dem Vergleich der Teamgröße über verschiedene Jahre lässt sich die Fluktuation einfach ermitteln.

Die Berechnungsgrundlage für das Alter der Teams bildet der Gründungszeitpunkt. Das Maß bildet damit nicht genau das tatsächliche Alter der Teams ab, da die Teambildung nicht unbedingt mit der Unternehmensgründung zusammenfallen muss. Oft finden sich die Partner schon ein halbes Jahr vor der gesetzlichen Unternehmensgründung zusammen und bewältigen gemeinsam die notwendigen Gründungsaktivitäten, wie die Erstellung eines Businessplans und der Unternehmensverträge. Dennoch ist das Alter ab dem Gründungszeitpunkt eine hinreichende Näherung an das tatsächliche Teamalter, da eine intensive Zusammenarbeit erst bei Aufnahme der Geschäfte notwendig ist und häufig die ersten echten Belastungsproben im Geschäftsprozess auftreten.

Die Problematik der Selektion von Teammitgliedern nach ihren Fähigkeiten und Merkmalen bilden wir indirekt mit der Frage ab, ob die Gründer vor der gemeinsamen Gründung schon zusammen gearbeitet haben. Dabei werden aus der Perspektive jedes einzelnen Gründers die Arbeitsbeziehungen und die privaten Beziehungen zu jedem anderen Teammitglied erhoben.

Auch das Lebensalter der Gründer zum Gründungszeitpunkt und die Branchenerfahrung in Jahren wird für jedes Teammitglied separat erfasst. Diese beiden Größen bilden die Basis zur Bestimmung der Heterogenität der Teammerkmale. In Anlehnung an Eisenhardt und Schoonhoven bestimmen wir die Heterogenität von Gründerteams mit der Standardabweichung von der mittleren Anzahl der Jahre der Branchenerfahrung, über welche die einzelnen Teammitglieder verfügen[69]. Die Berechnung der Standardabweichung erfolgt für jedes Team getrennt. Zunächst wird der Mittelwert der Branchenerfahrung über die Teammitglieder der einzelnen Teams und dann auf das Team bezogen die Standardabweichung berechnet. Ein zweites Heterogenitätsmaß berechnen wir analog zur Branchenerfahrung aus der Standardabweichung des Lebensalters der Teammitglieder.

4.3 Operationalisierung der Komponenten der Sozialen Interaktion von Gründerteams

Anhand der Auswertung der vorliegenden theoretischen und empirischen Arbeiten zu Gründerteams konnten wir ein Defizit bei der Betrachtung von Teamprozessen aufzeigen. Vereinzelte

---

69 Eisenhardt/ Schoonhoven (1990), S. 515

empirische Ergebnisse und vor allem die Ergebnisse in den Forschungsbereichen zu Top Management Teams und zu Innovationsteams unterstützen unsere Annahme, dass die Zusammenarbeit im Team einen Einfluss auf den Erfolg hat. In den beiden betrachteten Forschungsbereichen liegen schon verschiedene empirisch gesicherte theoretische Erklärungsansätze vor. Die hohe Übereinstimmung zwischen den spezifischen Merkmalen von Gründerteams, Innovationsteams und Top Management Teams ermöglicht es uns, diese bereits etablierten Konzepte auf den Forschungsgegenstand der Gründerteams zu übertragen.

Zu diesem Zweck ziehen wir das Konzept zur Messung der Qualität der Zusammenarbeit in Softwareentwicklungsteams von Högl heran[70]. Die Erhebung führte er in den Softwareentwicklungsabteilungen von vier international tätigen Unternehmen durch. Die Ergebnisse seiner Analyse von 147 Teams weisen für das eingesetzte Messkonzept eine hohe Qualität aus. Sein Konzept zur Messung der Qualität der Teamarbeit umfasst sechs Komponenten: (1) Kommunikation, (2) Kohäsion, (3) Arbeitsnormen, (4) Gegenseitiges Unterstützen, (5) Koordination und (6) die Ausgewogenheit der Mitgliederbeiträge.

Für unsere Untersuchung zur Bestimmung der Qualität der sozialen Interaktion in Gründerteams haben wir das ursprüngliche Konzept von Högl modifiziert. Auch wir verwenden sechs Komponenten zur Messung der Qualität der sozialen Interaktion in Gründerteams. Aber aus Gründen der Inhalts- und Konstruktvalidität mussten wir die Dimension (6) Ausgewogenheit der Mitgliederbeiträge in unserem Modell ersetzen. Von ihrer inhaltlichen Bedeutung her ist diese Dimension zu nahe an die technische Leistungserfüllung geknüpft. An ihrer Stelle ver

---

70 Högl (1998)

wenden wir die Komponente Konfliktbewältigung. Damit tragen wir verschiedenen Autoren Rechnung, die vor allem die Konflikte als Einflussgröße der Teamleistung ansehen. Mangelhafte Konfliktbewältigung wird auch von Praktikern immer wieder als Grund für Misserfolge angeführt[71]. Im folgenden werden die sechs Komponenten erläutert.

Komponenten der sozialen Interaktion in Gründerteams:

(1) Kommunikation: Mit der Kommunikation wird der Informationsbedarf der Teammitglieder für gemeinsame Entscheidungen und Aktivitäten gedeckt. Für die Teamleistungen sind die Kommunikations- und Informationsprozesse von zentraler Bedeutung[72]. Mittels der Intensität, dem Grad der Formalisierung, der Kommunikationsstruktur und der Offenheit der ausgetauschten Informationen kann die Qualität der Kommunikation definiert werden. Die Intensität der Kommunikation wird durch die Kommunikationshäufigkeit und den Umfang der ausgetauschten Informationen beschrieben. Der Grad der Formalisierung bezieht sich auf die Art der Kommunikation. Dabei wird z.B. zwischen schriftlicher und mündlicher Kommunikation unterschieden. Hierzu zählt aber auch die Gestaltung der Kommunikationsprozesse. Erfolgte die Kommunikation spontan oder wurde der Prozess intensiv vorbereitet[73]? Die Kommunikationsstruktur sagt etwas über die Richtung der Informationsflüsse aus. Kommunizieren die Teammitglieder direkt untereinander oder hauptsächlich über den Teamleiter? Die Offenheit der ausgetauschten Informationen und die Zeit-

---

71 Ensley (1997)
72 Pinto/ Pinto (1990)
73 Katz (1982)

dauer sind weitere Merkmale zur Bestimmung der Kommunikationsqualität.

(2) Kohäsion: Die Kohäsion oder auch der Zusammenhalt des Teams beschreibt den Grad des Wunsches der Teammitglieder, dem Team anzugehören. Mullen and Copper (1994) erklären die Kohäsion anhand von drei Aspekten: die interpersonelle Anziehungskraft der Teammitglieder, die Motivation zur Bearbeitung der Teamaufgabe und der Teamgeist. Verschiedene Autoren stimmen überein, dass es unwahrscheinlich ist, eine hohe Teamleistung zu realisieren ohne einen Zusammenhalt im Team[74].

(3) Arbeitsnormen: Die Arbeitsnormen werden als allgemein anerkannte Erwartungen an das Leistungsverhalten und an das Engagement der Teammitglieder aufgefasst[75]. Für eine erfolgreiche Teamarbeit sind diese von allen getragenen Werte besonders wichtig. Teams können nur dann erfolgreich agieren, wenn hohe Leistungsnormen von allen Teammitgliedern gleichermaßen getragen und umgesetzt werden.

(4) Gegenseitiges Unterstützen: Die uneigennützige gegenseitige Unterstützung der Teammitglieder bei der Aufgabenerfüllung ist für die Teamarbeit essenziell[76]. Dagegen wirkt sich ein Wettbewerb innerhalb des Teams zur Teamarbeit kontraproduktiv[77] aus. Bei den vielen neuartigen und komplexen Aufgaben sind Einzelne oft überfordert und nur eine schnelle Unterstützung des Teams kann den Erfolg gewährleisten.

(5) Koordination: Im Prozess der Leistungserstellung fallen viele verschiedene Aktivitäten an, die voneinander abhän-

---

74 Högl (1998); Mullen/Copper (1994); Guzzo/Shea (1992); Helfert (1998)
75 Levine/ Moreland (1990); Goodman et al. (1987)
76 Tjosvold (1995)
77 Högl (1998)

gen und von den Teammitgliedern gleichzeitig bearbeitet werden. Diese verschiedenen Leistungsbeiträge müssen inhaltlich und zeitlich aufeinander abgestimmt werden. Das Team delegiert diese Aufgaben, indem es die Verantwortlichkeiten regelt, die Anforderungen definiert und entsprechende Zeit- und Kostenpläne aufstellt. Diese Abstimmungsaktivitäten fallen unter die aufgabenorientierte Koordination und sind für die Teamarbeit äußerst wichtig. Die Art und Weise, wie und welche dieser Aktivitäten wahrgenommen werden, sind ein Indikator für die Qualität der sozialen Interaktion.

(6) Konfliktbewältigung: Konflikte sind in Situationen hohen Erfolgsdrucks und in dynamischen Umwelten unvermeidbar. Gerade Gründer sind mit diesen Situationen ständig konfrontiert. Eine schnelle und vorbeugende Konfliktlösung ist notwendig, bevor sie ihre hemmenden Einflüsse auf die Leistung entfalten.

Erst bei gleichzeitiger Betrachtung aller sechs Komponenten ist es möglich, die Qualität der sozialen Interaktion in Gründerteams umfassend zu bestimmen.

4.4 Operationalisierung der Dimensionen des Unternehmenserfolges

In unserer Studie wollen wir vor allem die Erfolgswirkungen der vorgestellten Faktoren analysieren. Dies setzt ein Messkonzept zur Bestimmung des Erfolges junger Unternehmen voraus. Bei manchen Fragestellungen erscheint die Erfolgsmessung relativ einfach: Ein Unternehmen ist erfolgreich, wenn es am Markt überlebt[78]. Allerdings ist die Definition und Messung der ab-

---

78 Brüderl et al. (1998), S. 91 f.

hängigen Variablen unserer Untersuchung mit vielen verschiedenen Problemen behaftet[79]. Dabei ist die Beurteilung des Unternehmenserfolgs abhängig von dem Zeitpunkt der Messung. Was heute noch als Erfolg eingestuft wird, kann sich schon ein halbes Jahr später als ein Misserfolg entpuppen. Gerade bei jungen Unternehmen ist der Erfolg auch noch nicht direkt messbar, z.B. liegen die Investitionsphasen von Unternehmen der Biotechnologie in den ersten sechs Jahren. Ein Erfolgsurteil kann zunächst negativ ausfallen, wenn es auf dem Erfüllungsgrad kurzfristiger Ziele basiert, obwohl entscheidende langfristige Zielsetzungen erreicht wurden. Auch die Perspektive, aus der die Messung vorgenommen wird, beeinflusst das Erfolgsurteil. So wird der Unternehmer zu einem anderen Urteil kommen als ein Wirtschaftsprüfer oder die Spezialisten einer Bank. Ferner ist das Erfolgsurteil abhängig von den zugrundegelegten Zielen. Unternehmer müssen nicht nur eine, sondern gleichzeitig mehrere Zielsetzungen erfüllen. Damit sind bei der Bestimmung des Unternehmenserfolges verschiedene Zielsetzungen auf ihren Erfüllungsgrad hin zu überprüfen.

Für die Messung des Unternehmenserfolgs bedeutet dies, dass verschiedene Maße für ein umfassendes Erfolgsurteil eingesetzt werden müssen. Diese Maßgrößen teilen Müller-Böling und Klandt 1989 in ökonomische und außerökonomische Maße ein. Zu den ökonomischen Erfolgsgrößen zählen sie Gewinn, Umsatz, Beschäftigtenzahl und Marktanteile, zu den außerökonomischen Erfolgsgrößen Arbeitszufriedenheit, Lebenszufriedenheit, Partnerharmonie und Selbstverwirklichung[80].

---

79 Zur Problematik der Erfolgsmessung: Hauschildt (1991); Kulicke et al. (1993), S. 141
80 Müller-Böling/ Klandt (1989), S. 160 f.; Wanzenböck (1998)

Das von uns entwickelte Konzept zur Messung des Unternehmenserfolges genügt in folgender Weise den genannten Problembereichen. Der Mehrdimensionalität der Unternehmensziele wird durch die Berücksichtigung verschiedener Erfolgsdimensionen entsprochen. Unter Erfolgsdimensionen verstehen wir dabei die Bündelung artgleicher Maßgrößen. Sie korrespondieren mit den verschiedenen Unternehmens- und Gründerzielen. Gerade zu Beginn der Geschäftstätigkeit sind die Unternehmensziele mit den Zielen der Gründer gleichzusetzen[81]. Der zeitlichen Messproblematik begegnen wir durch die Erhebung verschiedener Erfolgsgrößen über mehrere Jahre hinweg. Dem Problem der Messperspektive begegnen wir durch die Befragung von mindestens zwei Gründern je Unternehmen.

Dimensionen des Unternehmenserfolgs:

1. Wirtschaftlicher Erfolg: Viele Autoren, die den Erfolg junger Unternehmen bestimmen, stimmen überein, dass der Erfolg anhand des wirtschaftlichen Wachstums gemessen werden kann[82]. Zur Bestimmung des wirtschaftlichen Erfolgs verwenden wir die Wachstumsraten des Umsatzes und der Vollzeitmitarbeiter pro Geschäftsjahr als quantitative Größen. Gerade in der Anfangszeit von Unternehmen können die quantitativen Wachstumsindikatoren großen Schwankungen unterliegen. Zusätzlich wird der wirtschaftliche Erfolg anhand von qualitativen Einschätzungen der Gründer erfasst.

---

81 Kulicke et al. (1993), S. 142
82 Eisenhardt/ Bird (1990); Bantel (1998); Cooper/Gimeno Gascón (1992); Teal (1998)

2. Wettbewerbsposition: Die erreichte Wettbewerbsposition hängt sowohl von der technologischen Position als auch von der Marktposition ab. Die technologische Position eines jungen Unternehmens kann anhand der Anzahl angemeldeter Patente und dem technologischen Vorsprung der Produkte bestimmt werden. Die Marktposition kann am Markterfolg und der Wettbewerbsstärke relativ zur Konkurrenz gemessen werden.

3. Effizienz: Die Effizienz ist ein Urteil über den Ressourcenverbrauch bei den innerbetrieblichen Prozessen. Die Messung erfolgt anhand der Zufriedenheit mit den erreichten Zeit- und Kostenzielen und den erzielten Deckungsbeiträgen der Produkte und Dienstleistungen.

4. Kundenzufriedenheit: Die Kundenzufriedenheit wird mit der Qualität des erreichten Image und mit der Zufriedenheit der Kunden mit den Produkten oder Dienstleistungen bestimmt.

Der Erfolg von Unternehmen wird auch in Form von quantitativen Indikatoren erfasst. Gegenüber qualitativen Maßen haben Größen wie Gewinn, Umsatz und Anzahl der Mitarbeiter den Vorteil, dass sie unabhängig von der persönlichen Einstellung der befragten Person ermittelt werden können.

In der Literatur werden diese Erfolgsmaße deshalb auch als „objektive" Erfolgskriterien bezeichnet[83]. Aber die Verwendung solcher Maße ist für junge Unternehmen nicht unumstritten und wirft einige Probleme auf. Bei neugegründeten technologieorientierten Unternehmen treten häufig zwischen den ersten Investitionen und den ersten Umsätzen größere Zeitspannen auf. Der Erfolg der unternehmerischen Aktivitäten der ersten Perioden kann erst an der Rentabilität in späteren Perio-

---

83 Kulicke et al. (1993), S.140

den gemessen werden. Die Umsätze der ersten Perioden unterliegen auch starken Schwankungen, die durch hohe Vorleistungen für die Auftragserstellung bei gleichzeitig permanenter Kapazitätsauslastung entstehen. Deshalb fordern Kulicke et al. für Erfolgsanalysen von jungen technologiorientierten Unternehmen einen Zeitraum von mindestens fünf Jahren[84].

4.5 Das Untersuchungsdesign

Es ist das Ziel unserer Untersuchung, allgemeingültige Wirkungszusammenhänge zwischen den Merkmalen, dem Prozess und dem Unternehmenserfolg zu entdecken bzw. zu überprüfen. Das bedeutet zunächst, dass eine möglichst große Stichprobe von verschiedenen technologieorientierten Unternehmen realisiert werden muss. In Anlehnung an Kulicke et al. verstehen wir unter technologieorientierten Unternehmen diejenigen Organisationen, „deren Geschäftszweck vor allem in der Vermarktung von Gütern und Dienstleistungen besteht, die auf der Verwertung neuer technologischer Ideen, Forschungsergebnisse oder Systeme basieren, wobei bis zur Produktionsaufnahme i.d.R. relativ umfangreiche Entwicklungsarbeiten erforderlich sind[85]. Im Rahmen unserer Studie wurden 183 Unternehmen mit folgenden Merkmalen befragt:

- Technologieorientierte Unternehmen.
- Das Unternehmensalter ist höchstens sechs Jahre.
- Mindestens zwei Gründer.
- Seit der Gründung mindestens einen Vollzeit beschäftigten Gründer.
- Mindestens zwei Gründer sind natürliche Personen.

---

84 ebd.
85 Kulicke et al. (1993), S.14

Zur Identifikation der Unternehmen, die diesem Profil entsprechen, wurden zwei verschiedene Unternehmensdatenbanken verwendet. Alle in den Datenbanken identifizierten Unternehmen wurden zunächst telefonisch kontaktiert, um zu prüfen, ob die Unternehmen den Anforderungen der Untersuchung genügen.

Aufgrund der sehr komplexen Fragestellung wurden die Daten in Form von Interviews mit einem standardisierten Interviewleitfaden erhoben. Die Interviews wurden hauptsächlich mit geschlossenen Fragen geführt. In jeder Unternehmung wurden wenigstens zwei Gründer getrennt voneinander befragt. Dieses aufwendige Interviewdesign hat den Vorteil, dass die Befragungssituation kontrolliert werden kann. Eine Absprache der Interviewpartner, wie dies bei einer postalischen Befragung möglich wäre, ist damit ausgeschlossen. Die Befragung von mindestens zwei Gründern mindert die Gefahr von Antwortverzerrungen.

Der Interviewfragebogen besteht aus zwei Teilen. Im ersten Teil werden ausschließlich demographische Angaben zu den Gründern und dem Team sowie quantitative Angaben zum Unternehmen und zum Unternehmensergebnis erfasst. Es handelt sich um Informationen, die frei sind von subjektiven Einschätzungen. Dieser Teil wurde nur von einem der Gründer beantwortet und benötigte im Durchschnitt 45 Minuten.

Der zweite Teil des Interviewfragebogen erfasst die persönlichen Einschätzungen der Gründer zur Qualität der sozialen Interaktion im Gründerteam und zum Unternehmenserfolg. Wie wir schon dargelegt haben, wurde zur Bestimmung der Qualität der sozialen Interaktion das Messkonzept von Högl herangezogen und modifiziert[86]. Die persönlichen Einschät-

---

86 Högl (1998), S. 126 ff.

zungen der Gründer wurden anhand von verschiedenen Items (Aussagen) auf einer 7-Punkte-Skala von starker Ablehnung bis starker Zustimmung ermittelt. Jede der vorgestellten Komponenten der sozialen Interaktion und des Unternehmenserfolgs umfasst zwischen drei und sechs Items. Dieser Teil des Fragebogens wurde in separaten Interviews von wenigstens zwei Gründern beantwortet. Die Beantwortung dieses Teils benötigte etwa 60 Minuten.

Zur Überprüfung der Tauglichkeit der Interviewleitfäden wurden Pre-Tests mit zehn verschiedenen Unternehmen durchgeführt.

4.6 Zusammenfassung

Den Ausgangspunkt für dieses Kapitel bilden drei Hypothesen, die empirisch untersucht werden sollen. Dabei ist es wichtig, die Soziale Interaktion und den Unternehmenserfolg zunächst konzeptionell zu beschreiben, um sie dann in eine entsprechende Messung zu überführen.

Aspekte für die Forschung

- Übernahme eines Konzepts zur Messung der Sozialen Interaktion.
- Entwicklung eines mehrdimensionalen Konzepts zur Messung des Unternehmenserfolges.
- Ableitung von drei Hypothesen.

Aspekte für die Praxis

- Die Merkmale von Gründerteams beeinflussen den Unternehmenserfolg.
- Die Qualität der Zusammenarbeit der Gründer beeinflusst den Unternehmenserfolg.

5 Merkmale der Unternehmen und der Gründerteams

Beginnen wollen wir die Datenanalyse mit einer Beschreibung der von uns befragten Unternehmen und den Gründerteams. Anhand von Häufigkeitsverteilungen werden ihre wesentlichen Merkmale beschrieben.

5.1 Merkmale der Unternehmen

In den folgenden Analysen werden die wesentlichen Merkmale der befragten Unternehmen dargestellt und geprüft, ob die befragten Unternehmen unseren eingangs gestellten Anforderungen entsprechen, und ob gegenüber der Grundgesamtheit sowie Stichproben anderer Studien Abweichungen festzustellen sind. Mit der Beschreibung der Unternehmensmerkmale können wir die typische Ausgangssituation der befragten Unternehmen charakterisieren.

Insgesamt wurden Gründerteams von 183 deutschen Unternehmen befragt. Nach der Elimination von 24 Fällen greifen wir bei unserer Analyse auf die Daten von 159 jungen Unternehmen zurück. Die Elimination der Fälle war aus verschiedenen Gründen notwendig: Sieben Unternehmen sind älter als sechs Jahre, acht Unternehmensgründungen sind Privatisierungen im Zuge der deutschen Wiedervereinigung, und bei den restlichen neun Unternehmen handelt es sich um Teilzeit- bzw. Freizeitunternehmungen. Insgesamt liegen für die Analysen die Antworten von 322 Gründern vor. Zu den qualitativen Aspekten unserer Untersuchung konnten wir in jedem Unternehmen mindestens zwei Mitglieder des Gründerteams befragen.

5.1.1 Geschäftstätigkeit und Technologieorientierung der befragten Unternehmen

Technologieorientierte Unternehmen, die von Gründerteams geführt werden, sind die Zielgruppe unserer Studie.

Zur Einstufung der Unternehmen greifen wir auf das Leistungsspektrum und die Patentposition der untersuchten Unternehmen zurück. Mit Blick auf das Leistungsspektrum bzw. die untersuchten Branchen ergibt sich folgendes Bild:

Tabelle 4: Branchenverteilung

Branchenzugehörigkeit		Anteil	Anzahl
Industrie		**23%**	**36**
davon:	Maschinen und Anlagenbau	56%	20
	Elektrotechnik	8%	3
	Chemie	14%	5
	Engineering	22%	8
IT-Software		**66%**	**106**
davon:	Internet, Software, Netzwerke	96%	102
	Medienhäuser	4%	4
IT-Hardware		**11%**	**17**

In der Tabelle sind zwei Verteilungen angegeben. Die übergreifende Branchenverteilung, die in der Tabelle fett markiert ist, bezieht sich auf alle 159 befragten Unternehmen. Danach machen die Softwarehersteller mit 66% den größten Anteil der befragten Unternehmen aus. Industriell tätige Unternehmen sind mit 23% und Unternehmen der Hardwarebranche mit 11% vertreten.

Wir haben aber auch die Verteilungen innerhalb der Branchen angegeben, um die Tätigkeitsschwerpunkte eindeutiger charakterisieren zu können. Die meisten Unternehmen der Softwarebranche (96%) beschäftigen sich hauptsächlich mit der Entwicklung von Internet- bzw. Netzwerk- und kundenspezifischen Softwareanwendungen. Knapp 4% sind Medienhäuser, deren Schwerpunkt auf den neuen Medien liegt und die sich auch mit Softwareentwicklung beschäftigen. Wir zählen sie deshalb auch zu den technologieorientierten Unternehmen.

Im Bereich der Hardwareentwicklung, in der nur 11% der Unternehmen tätig sind, liegen die Anwendungen z.B. in der Entwicklung von Gateways für die Internet-Telefonie.

Den Tätigkeitsschwerpunkt der Industrieunternehmen bildet der Maschinen und Anlagenbau (56%). Unternehmen aus diesem Bereich entwickeln und bauen z.B. Trocknungsanlagen oder CNC-Abkant-Pressen.

Weitere Hinweise für die Technologieorientierung liefern die Patente der befragten Unternehmen. In jedem Fall können Unternehmen als technologieorientiert bezeichnet werden, wenn sie über selbst entwickelte Patente verfügen. Der Anteil von Unternehmen mit eigenen Patenten liegt nur bei 14,5%. Es gilt dabei aber zu berücksichtigen, dass hauptsächlich Softwareunternehmen (66%) befragt wurden. Die niedrige Patentanzahl ist branchenüblich, was an den bekannten Schwierigkeiten liegt, Software patentrechtlich zu schützen. Trotzdem werden gerade auch Softwareunternehmen in der Wirtschaftspresse als sog. „Technologiewerte" bezeichnet. In diesem Sinne kann man insgesamt von einer hohen Technologieorientierung der befragten Unternehmen sprechen.

5.1.2 Rechtsform

Bei etwa 95% der untersuchten Unternehmen handelt es sich um originäre Gründungen. Die restlichen 5% setzen sich zusammen aus Management Buy Outs, und Änderungen der

Rechtsform (i.d.R. waren die Unternehmen als GbR gegründet und wurden nach etwa ein bis zwei Jahren in eine GmbH gewandelt). Diese Unternehmen werden dennoch in den weiteren Auswertungen berücksichtigt, da sie alle anderen Anforderungen erfüllen, die sich aus unserem theoretischen Modell ableiten. Als Gründungszeitpunkt wird der Eintrag in das Handelsregister zugrundegelegt. Wir haben uns für diesen Zeitpunkt entschieden, da eine genaue Datierung der ersten Gründungsaktivitäten nur schwer möglich ist, und die Handelsregistereintragung eine formale Aufnahme der Geschäftstätigkeiten signalisiert.

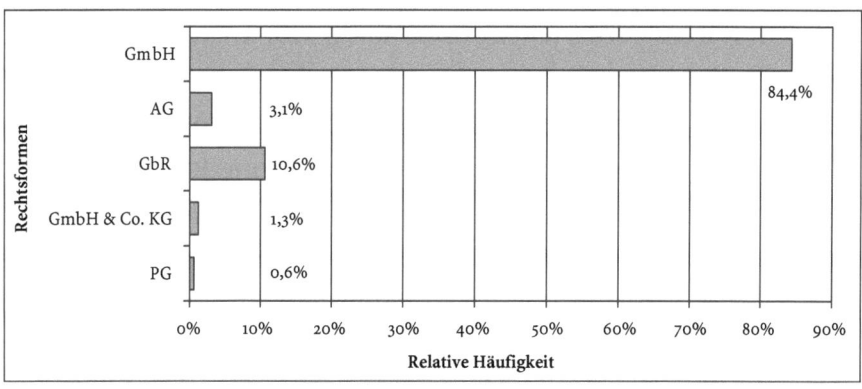

Abbildung 2: *Verteilung der Rechtsform*

Die Wahl der Rechtsform ist besonders für die erste Zeit nach der Gründung wichtig, da mit ihr die wesentlichen Rahmenbedingungen für die Haftung der Gründer geregelt werden. Insgesamt sind sechs verschiedene Rechtsformen auszumachen, wobei eindeutig die Kapitalgesellschaften dominieren. Die Partnergesellschaft (PG) ist noch nicht weit verbreitet. Sie ist eine Rechtsform, die für freie Berufe wie Rechtsanwälte oder Steuerberater eingeführt wurde.

In über 84% der Fälle wurde die GmbH gewählt. Das beschränkte Haftungskapital und die relativ geringen Formalien dürften der Grund für die bevorzugte Wahl sein. Die meisten der befragten Unternehmen sind technologieorientierte Unternehmen, die aufgrund ihrer Aufgabenstellung ein höheres Durchführungsrisiko zu tragen haben. Dies erklärt die hohe Präferenz für die Rechtsform der Kapitalgesellschaft.

Neben der Haftungsbeschränkung spielt die Rechtsform auch eine bedeutende Rolle für die Kapitalbeschaffung. Die Aktiengesellschaft erfüllt diese Funktion besonders gut. Konsequenterweise handelt es sich bei den fünf Aktiengesellschaften daher ausschließlich um e-Commerce Unternehmen, die über ein hohes Wachstumspotenzial verfügen und zur schnellen Realisierung ihrer Unternehmensziele einen besonders hohen Kapitalbedarf haben.

5.1.3 Alter

Die Zielgruppe unserer Befragung sind junge Unternehmen. Das Unternehmensalter ist damit ein wichtiges Merkmal. Leider ist der Begriff „junges Unternehmen" nicht eindeutig definiert. Sehr häufig werden Unternehmen mit einem Alter bis zu sechs Jahren als jung bezeichnet, aber manche Autoren gehen noch weiter und stufen Unternehmen mit einem Alter von bis zu zwölf Jahren als jung ein. Wir schließen uns der restriktiveren Meinung an und betrachten nur Unternehmen, die bis zu sechs Jahre alt sind.

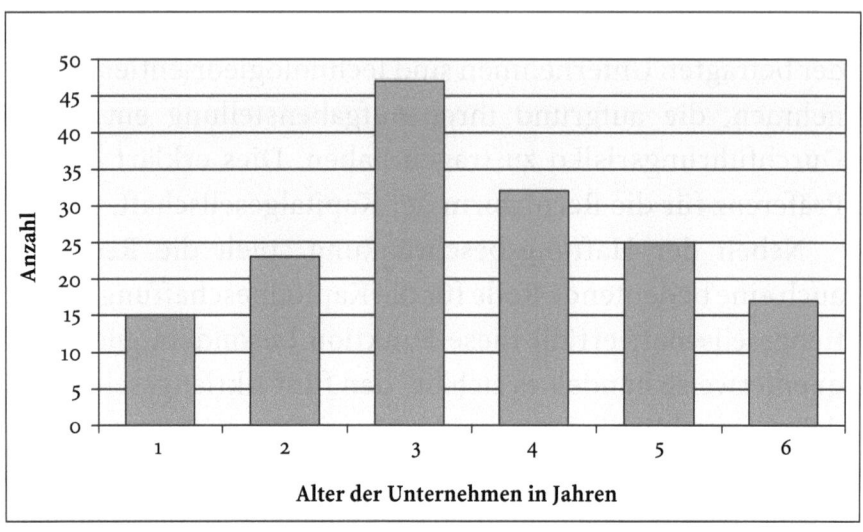

Abbildung 3: *Altersverteilung der befragten Unternehmen*

Insgesamt sind etwa 53% aller befragten Unternehmen nicht älter als 3 Jahre. Diese Altersverteilung schlägt sich auch im Mittelwert des Unternehmensalters nieder, der bei 3,5 Jahren liegt. Damit liegt das Durchschnittsalter der von uns untersuchten Unternehmen deutlich unter dem Durchschnitt anderer vergleichbarer Studien. Dies ist im wesentlichen auf unsere restriktive Definition des Begriffs „junges Unternehmen" zurückzuführen.

5.1.4 Unternehmensgröße

Neben dem Alter ist vor allem die Größe ein wichtiges Beschreibungs- und Klassifizierungsmerkmal der befragten Unternehmen. Als Größenindikatoren verwenden wir die Anzahl der 1999 beschäftigen Vollzeitmitarbeiter und den 1999 erzielten Umsatz.

Tabelle 5: *Indikatoren der Unternehmensgröße*

		Vollzeit- mitarbeiter 99	Umsatz 99 in DEM Mio.
N	Gültig	156	151
	Fehlend	3	8
Mittelwert		9	3,1
Median		4	1,1
Standardabweichung		20	7,8
Minimum		0	0
Maximum		190	80

In der Mehrzahl handelt es sich um kleine Unternehmen. Allerdings fallen die großen Unterschiede zwischen den befragten Unternehmen auf. Im Minimum beschäftigen einige keine Vollzeitmitarbeiter und im Maximum beschäftigt ein Unternehmen 190 Vollzeitmitarbeiter.

Gerade die sehr hohen Beschäftigungszahlen einiger weniger Unternehmen führen zu dem hohen Mittelwert von neun Vollzeitmitarbeitern je Unternehmen. Hinsichtlich der Beschäftigungszahlen kann der Mittelwert die befragten Unternehmen nicht mehr zuverlässig charakterisieren. Der Mittelwert, der hier aus dem arithmetischen Mittel gebildet wird, ist besonders anfällig gegenüber sogenannten Ausreißern, d.h. einzelnen Werten die besonders stark von den meisten anderen abweichen. Mittelwertverzerrungen werden von der Ausprägung einzelner Werte und von der Stichprobengröße beeinflusst und es gilt: je kleiner die Stichprobe und je stärker die Abweichungen der Ausreißer, desto höher ist die Mittelwertverzerrung.

Auch der hohe Wert der Standardabweichung von 20 Vollzeitmitarbeitern zeigt die großen Unterschiede zwischen den befragten Unternehmen an. Sie beschreibt die durchschnittliche Abweichung der Werte vom Mittelwert und deutet das Vorhandensein von Ausreißern an.

Der Median repräsentiert den Wert, der die Stichprobe in zwei gleich Teile teilt. Ein Median von vier bedeutet, dass 50% der Unternehmen bis zu vier und 50% mehr als vier Vollzeitmitarbeiter beschäftigen.

Eine hohe Übereinstimmung von Mittelwert und Median zeigt an, dass in der Stichprobe nur wenige oder keine Werte vorkommen, die besonders stark vom Mittelwert abweichen. Im Falle der Vollzeitmitarbeiter ist die Differenz allerdings groß, was wiederum ein Indikator für besonders starke Abweichungen von einigen wenigen Fälle ist.

Um den starken Abweichungen gerecht zu werden, haben wir deshalb eine weitere Darstellung der von uns befragten Unternehmen gewählt. Mit Hilfe von so genannten Perzentilen können wir den Wertebereich der Mitarbeiterzahlen präziser beschreiben, ohne dass Ausreißer die Ergebnisse zu stark verzerren. Bei den Perzentilen handelt es sich um diejenigen Werte, unter denen ein bestimmter Prozentsatz von Fällen liegt und die daher die Fälle entsprechend unterteilen. Der Median ist zum Beispiel das 50%-Perzentil, also der Wert, unter dem 50% der Fälle liegen. Der Wert des 80%-Perzentils bildet die Obergrenze von 80% der Unternehmen und trennt sie von den restlichen 20% der Unternehmen, die über dem Wert liegen.

Etwa 40% der Unternehmen beschäftigen zwei oder weniger Mitarbeiter, etwa 80% beschäftigen bis zu zehn Vollzeitmitarbeiter, und nur 3% der Unternehmen beschäftigen mehr als 50 Vollzeitmitarbeiter.

Der Beschäftigungseffekt, den die befragten jungen und überwiegend kleinen Unternehmen erzielen, ist beachtlich. Im

Jahr 1999 beschäftigten die 159 Unternehmen insgesamt 1.404 Vollzeitmitarbeiter. Zählt man die Gründer noch hinzu, dann beschäftigten die Unternehmen 1.826 Vollzeitarbeitskräfte.

Als zweiten Indikator der Unternehmensgröße betrachten wir den Umsatz von 1999, der ähnlich starke Abweichungen zwischen den befragten Unternehmen aufweist. Im Durchschnitt realisieren die Unternehmen 1999 einen Umsatz von ungefähr 3,1 Mio. DEM. Aber nur die Hälfte der Unternehmen kann 1999 mehr als eine Million DEM Jahresumsatz erzielen. Der große Unterschied zwischen Median und Mittelwert deutet an, dass einige wenige Unternehmen deutlich höhere Umsätze erzielen. Bei der Betrachtung der 20 %-Perzentile des Umsatzes wird dieses heterogene Bild der von uns befragten Unternehmen deutlicher.

20 % der befragten Firmen erzielten im Jahr 1999 einen Umsatz von weniger als DEM 400.000, 40 % lagen unter DEM 1 Mio., 60 % erzielten bis zu DEM 1,75 Mio. Umsatz. 80 % der befragten Unternehmen liegen im Umsatzintervall bis DEM 3,42 Mio. Das Unternehmen mit dem höchsten Umsatz unter den untersuchten Firmen erreichte im Jahre 1999 DEM 80 Mio. Dazu ist anzumerken, dass fünfzehn Unternehmen erst im Jahr 1999 gegründet wurden und über keine bzw. nur geringe Umsätze verfügen. Vergleicht man die 20 % der Unternehmen mit den niedrigsten Umsätzen, die eine Umsatzobergrenze von DEM 400.000,– erzielen, mit den 20 % der Unternehmen, welche die höchsten Umsätze mit über DEM 3,42 Mio. erzielen, wird die Unterschiedlichkeit der befragten Unternehmen besonders deutlich. Die Heterogenität der Unternehmensgröße leitet sich aus dem unterschiedlichen Entwicklungsstand und aus den Unternehmenszielen ab, die sich hinsichtlich Wachstum und Ausrichtung stark unterscheiden.

5.1.5 Eigenkapitalausstattung

Die Kapitalausstattung ist für den Erfolg junger Unternehmen kritisch. Informationen über die absolute Höhe des Eigenkapitals liegen uns nicht direkt vor, sondern nur über die Eigenkapitalquote. Die Eigenkapitalquote beschreibt das Verhältnis von Eigenkapital und Fremdkapital. Sie ist damit ein Indikator für die Kapitalverhältnisse bzw. Risiken der befragten Unternehmen.

Tabelle 6: Eigenkapitalquoten der Unternehmen

		Eigenkapitalquote je Geschäftsjahr in %					
		1. Jahr	2.Jahr	3.Jahr	4.Jahr	5.Jahr	6.Jahr
N	Gültig	121	128	105	64	36	17
	Fehlend	38	31	54	95	123	142
Mittelwert		71,3	71,8	66,6	69,4	70,3	72,9
Median		100	100	90	98	92	100
Standardabweichung		36	35,2	36,6	36,1	34,1	33,3

Im Durchschnitt verfügen die Unternehmen über eine Eigenkapitalquote von 71%. Der Median für die Eigenkapitalquote liegt bei über 90%. Mit zunehmendem Alter nimmt die Eigenkapitalquote zwar etwas ab, aber auch bei den älteren Unternehmen ist das Niveau sehr hoch. Für das Argument der Haftungsbeschränkung und der Kontrolle des erhöhten Risikos junger technologieorientierter Unternehmen spricht eine überdurchschnittlich hohe Eigenkapitalquote. Immerhin weisen 68% der Unternehmen eine Eigenkapitalquote von 100% aus.

Die hohe Eigenkapitalquote hat mehrere Ursachen. Für technologieorientierte Unternehmen ist die Kapitalbeschaffung sehr schwierig, da die Kreditgeber oft die Risiken nicht zuverlässig abschätzen können. In unseren Gesprächen äußerten die Banken vor allem Bedenken gegenüber der Finanzierung von Softwareunternehmen. Die Gründung im Team erfüllt auch die Funktion der Kapitalbeschaffung. Die hohe Eigenkapitalquote hängt ebenfalls mit der insgesamt geringen Kapitalausstattung zusammen. Aus anderen Befragungen ist ein durchschnittlicher Betrag von DEM 50.000,– bekannt. Hinzu kommen noch begriffliche Schwierigkeiten bei den Befragten. Zum Verlauf einiger Interviews merkten die Interviewer an, dass manche der Befragten den Begriff des Eigenkapitals nicht genau kannten und als Folge dann für die Eigenkapitalquote einfach 100% angaben.

Neben den klassischen Finanzierungsinstrumenten wie privates Eigenkapital oder Fremdkapital, bietet sich die Aufnahme von Risikokapital an. Insgesamt konnten 27 Unternehmen (dies entspricht 17%) Risikokapital akquirieren. Interessant ist, dass es sich dabei nicht etwa ausschließlich um sehr junge Unternehmen handelt, sondern die Verteilung über das Unternehmensalter gleich ist.

5.1.6 Investitionen

Technologieorientierte Unternehmen sind investitionsintensiv. Die Höhe der Investitionen kann damit auch als Indikator für die technologische Ausrichtung eines Unternehmen herangezogen werden. Es gilt allerdings zu bedenken, dass der Investitionsbedarf je nach Branche sehr unterschiedlich ausfallen kann.

Tabelle 7: *Investitionen je Geschäftsjahr*

		Investitionen je Geschäftsjahr in TDEM					
		1. Jahr	2. Jahr	3. Jahr	4. Jahr	5. Jahr	6. Jahr
N	Gültig	132	136	115	68	39	16
	Fehlend	27	23	44	91	120	143
Mittelwert		228,05	168,89	113,38	363,85	334,28	349,13
Standardabweichung		822,65	741,86	171,82	1.489,03	680,86	736,36
Minimum		0	0	0	0	0	5
Maximum		8.500	8.500	1.000	12.000	3.000	3.000
25% Perzentil		25	20	15	20	20	41,25
50% Perzentil		50	40	50	60	100	100
75% Perzentil		150	100	150	237,50	250	287,50

Im Durchschnitt investieren die Unternehmen im ersten Geschäftsjahr DEM 228.000,–. Im zweiten und dritten Geschäftsjahr nehmen die durchschnittlichen Investitionen ab und erst im vierten Geschäftsjahr wird das Niveau der Anfangsinvestitionen mit DEM 363.000,– übertroffen.

Auch bei der Investitionstätigkeit sind zwischen den befragten Unternehmen große Unterschiede zu verzeichnen. Der Median (50%-Perzentil) liegt im ersten Geschäftsjahr mit DEM 50.000,–. weit unter dem Mittelwert. Auch die hohen Standardabweichungen zeigen an, dass die jährlichen Investitionsbeträge zwischen den Unternehmen stark streuen. Im Maximum hat ein Unternehmen DEM 12 Mio. investiert, im Gegensatz dazu werden im Minimum keinerlei Investitionen getätigt.

Um den starken Abweichungen gerecht zu werden haben wir zur Charakterisierung der Investitionsaktivitäten Perzentile gewählt, mit deren Hilfe wir den Wertebereich der vorkommenden Investitionen präziser beschreiben können, ohne dass Ausreißer die Ergebnisse zu stark verzerren. Zur Visualisierung der zeitlichen Dynamik der Investitionen werden die Perzentile nach den Geschäftsjahren in einer Graphik dargestellt.

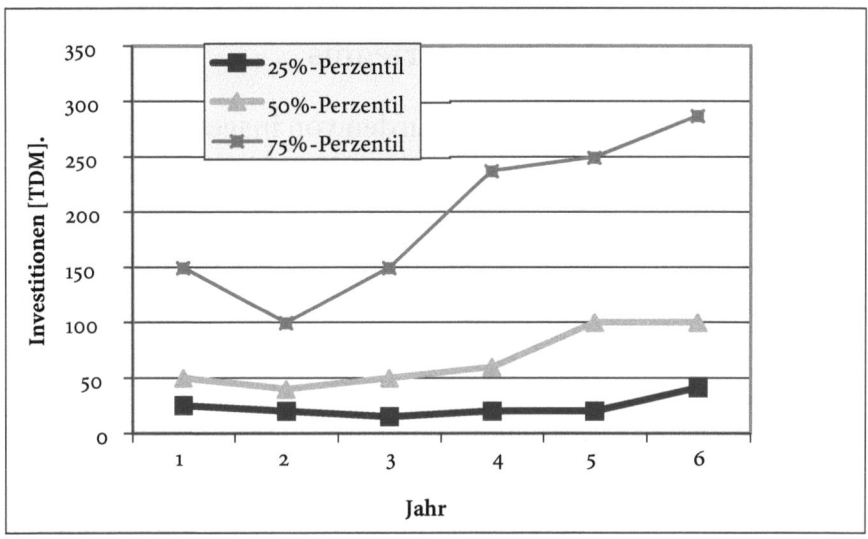

Abbildung 4: 25%-Perzentile des Investitionsvolumens

Interessant ist eine Betrachtung der Investitionen in den ersten beiden Geschäftsjahren und ein Vergleich mit dem fünften Jahr der Geschäftstätigkeit der untersuchten Unternehmen. Während im zweiten Geschäftsjahr 25% der Unternehmen mehr als DEM 100.000,– investierten und die Hälfte unter der Grenze von DEM 50.000,– liegt, verschiebt sich der Grenzwert für das obere Perzentil um DEM 150.000,– auf DEM 250.000,– im fünften Geschäftsjahr, während die Hälfte der Unternehmen unter dem Niveau von DEM 100.000,– bleibt.

Man kann davon sprechen, dass sich im Zeitraum der ersten fünf Geschäftsjahre die „Spreu vom Weizen" trennt, d.h. ein Viertel der betrachteten Unternehmen zeichnet sich nach fünf Jahren durch relativ hohe Investitionsvolumina gegenüber den anderen Unternehmen aus. Dies mag u.a. darauf zurückzuführen sein, dass es sich bei einem Teil der Firmen, um Dienstleistungsunternehmen z.B. Softwarehersteller handelt, die gegenüber Industrieunternehmen nach anfänglichen Investitionen ein geringeres Investitionsvolumen aufweisen.

5.2 Merkmale der Gründerteams

Die befragten Unternehmen wurden von insgesamt 515 natürlichen Personen gegründet. Im Rahmen unserer Untersuchung konnten wir aus dieser Gruppe 322 Gründer in Interviews direkt befragen. Es wurden mindestens zwei Gründer je Unternehmen und in manchen Fällen sogar drei Gründer befragt. In diesem Schritt wollen wir die wesentlichen Merkmale der befragten Gründerteams analysieren.

5.2.1 Teamgröße

In der theoretischen Diskussion spielt gerade die Größe der Gründerteams eine entscheidende Rolle. Neben den uns interessierenden theoretischen Zusammenhängen ist die Teamgröße wichtig zur Einschätzung der Unternehmensgröße und des realisierten Wachstums.

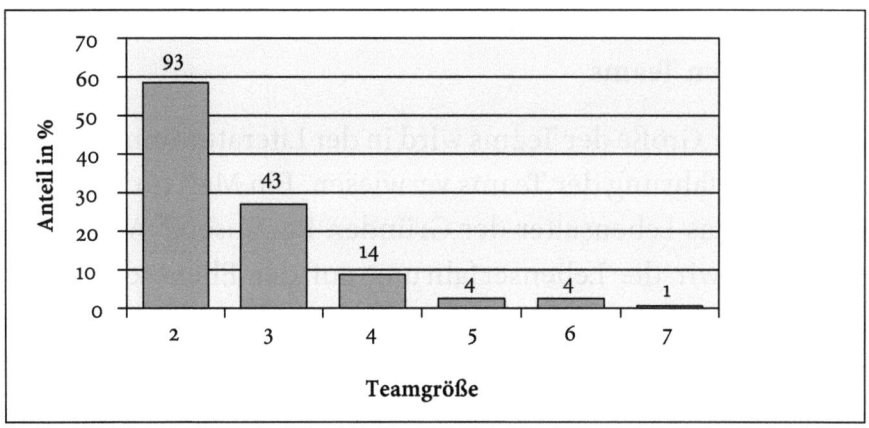

Abbildung 5: *Relative und absolute Verteilung der Teamgröße*

Die Balken in der Graphik repräsentieren die relative Häufigkeit der vorkommenden Teamgrößen und die Werte über den Balken die absoluten Häufigkeiten. Über die Hälfte (58,5%) der befragten Unternehmen wurde von zwei Partnern sowie 27% von drei Partnern und 14,5% von mehr als drei Partnern gegründet.

Der Median liegt bei zwei und der Mittelwert bei etwa drei Teammitgliedern. Das größte Team umfasst sieben Mitglieder und kommt nur in einem Fall vor. Diese Verteilung stimmt mit anderen Studien zu Gründerteams überein und findet sich auch in den von uns vorgestellten historischen Fallstudien wieder.

Der Frauenanteil unter den Gründern liegt bei 7%. Allerdings kommt ein reines Frauenteam in den Stichproben nicht vor. Der geringe Frauenanteil bei den von uns befragten technologieorientierten Unternehmen entspricht generell dem relativ niedrigen Anteil von Frauen in den Studiengängen der Informatik und der Mathematik sowie in den natur- und ingenieurwissenschaftlichen Studienfächern.

5.2.2 Durchschnittliches Lebensalter der Gründer in den Teams

Neben der Größe der Teams wird in der Literatur immer wieder auf die Erfahrung der Teams verwiesen. Ein Maß für die Erfahrung ist das Lebensalter der Gründer. Bei unserer Analyse betrachten wir die Lebenserfahrung auf der Ebene der Teams. Entscheidend ist nicht der Einzelne sondern die Gruppe. Es wird daher das durchschnittliche Lebensalter jedes Teams als arithmetisches Mittel aus dem Lebensalter der einzelnen Gründer eines jeden Teams berechnet.

Tabelle 8: Durchschnittliches Lebensalter der Gründerteams

		Durchschnittliches Alter der Gründer je Team
N	Gültig	159
	Fehlend	0
Mittelwert		34
Median		32,7
Standardabweichung		6,4
Minimum		22,3
Maximum		56,5

Bevor wir uns den Werten der Teams zuwenden, die in der Tabelle dokumentiert sind, wollen wir zunächst das Alter der Gründer kurz charakterisieren. Das Durchschnittsalter der Gründer liegt bei 34 Jahren. Der älteste Gründer ist 68 Jahre alt und der Jüngste ist 21 Jahre alt. Die beiden Extremwerte beschreiben die große Bandbreite des Gründeralters. Die von uns befragten Unternehmen wurden von allen Altersklassen bzw. Generationen gegründet.

Wenden wir uns nun der Teamebene zu. Das durchschnittliche Lebensalter der Gründer liegt bei 34 Jahren je Team. Das Team mit dem höchsten durchschnittlichen Lebensalter der Gründer liegt bei 56 Jahren und das jüngste Team erreicht 22,3 Jahre.

Hinsichtlich des Lebensalters sind die Gründerteams relativ homogen. Der Mittelwert und der Median liegen eng beieinander und auch die Standardabweichung ist relativ gering. Eine Betrachtung der Perzentile erübrigt sich, da kaum Ausreißer in der Stichprobe vorkommen.

5.2.3 Heterogenität des Gründeralters

Eine Frage, die wir anhand der Durchschnittsbetrachtung des Lebensalters auf der Teamebene nicht beantworten können, ist, ob sich hauptsächlich Gründer gleicher Altersstufen zusammentun oder ob sich generationenübergreifende Teams finden. Die Altersunterschiede im Gründerteam bezeichnen wir als Heterogenität des Gründeralters. Wir bestimmen die Heterogenität mittels der Standardabweichung des Gründeralters innerhalb des Teams. Hierbei wird zunächst der Mittelwert des Gründeralters im Team gebildet und darauf dann die durchschnittliche Abweichung des Alters der Gründer bestimmt. Eine hohe Standardabweichung des Alters innerhalb eines Teams bedeutet, dass sich Gründer aus sehr unterschiedlichen Altersgruppen zusammengeschlossen haben. Eine niedrige Standardabweichung ergibt sich, wenn die Gründer aus der gleichen Altersgruppe stammen.

Tabelle 9: *Heterogenität des Gründeralters*

		Heterogenität des Gründeralters
N	Gültig	159
	Fehlend	0
Mittelwert		3,9
Standardabweichung		4,4
Minimum		0
Maximum		28,3
25% Perzentil		1,2
50% Perzentil		2,8
75% Perzentil		4,9

Im Durchschnitt unterscheiden sich die Gründer innerhalb der Teams um etwa vier Jahre. In einem Fall beträgt der durchschnittliche Altersunterschied zwischen den Partnern sogar 28 Jahre. Durch diesen Wert ergibt sich eine leichte Verzerrung im Mittelwert. Dies zeigen auch die verschiedenen Werte der Perzentile an. Der Wert des 75%-Perzentils bleibt mit 4,9 Jahren weit unter dem ermittelten Maximalwert. Bei dem erreichten Minimalwert von Null haben sich Gründer gleichen Alters zusammengeschlossen.

Insgesamt deutet der geringe Wert des 75%-Perzentils darauf hin, dass sich sehr häufig Gründer gleicher Alterskategorien zusammenschließen. Nach den vorliegenden geringen Werten der Heterogenität des Gründeralters kommt es nur selten zu Teamgründungen mit Partnern unterschiedlicher Altersgenerationen.

86

5.2.4 Branchenerfahrung der Teams

Bei der Entscheidung für eine gemeinsame Unternehmens-
gründung dürfte gerade die Branchenerfahrung eine wichtige
Rolle spielen. Wir haben die Branchenerfahrung anhand der
Anzahl der Jahre je Gründer gemessen, in denen sie vor der
Gründung in derselben Branche wie das von ihnen gegründete
Unternehmen gearbeitet haben. Um eine Bewertung auf
Teamebene vornehmen zu können, wurde die Branchenerfah-
rung aller Teammitglieder über die Jahre aufsummiert.

Tabelle 10: Branchenerfahrung der Gründerteams

		Branchenerfahrung in Jahren je Team
N	Gültig	159
	Fehlend	0
Mittelwert		18,9
Standardabweichung		18,2
Minimum		0
Maximum		86
25% Perzentil		4,5
50% Perzentil		13
75% Perzentil		28

Nach den vorliegenden Ergebnissen verfügen die Gründerteams über durchschnittlich 19 Jahre Branchenerfahrung. Nur
ein Viertel aller befragten Gründerteams verfügt über weniger
als 4,5 Jahre Branchenerfahrung, hingegen verfügt ein Viertel
über mehr als 28 Jahre Branchenerfahrung.

In unterschiedlichen Teamgrößen und unterschiedlichem Background der Gründer begründet sich die hohe Varianz. Die Abweichung des Median vom Mittelwert fällt allerdings nicht so hoch aus wie erwartet. Das Minimum der Branchenerfahrung von Gründerteams liegt bei 0 Jahren und das Maximum bei 86 Jahren.

5.2.5 Heterogenität der Branchenerfahrung

Für die Branchenerfahrung ergibt sich eine ähnliche Fragestellung wie bei dem Gründeralter. Die Höhe der Branchenerfahrung eines Teams sagt nichts darüber aus, ob sich die Gründer innerhalb eines Teams in ihrer Branchenerfahrung unterscheiden oder ob die Teams homogen besetzt sind.

Die Unterschiede in der Branchenerfahrung zwischen den Mitgliedern eines Gründerteams bezeichnen wir als Heterogenität der Branchenerfahrung.

Sie wird anhand der Standardabweichung der Branchenerfahrung der Teammitglieder innerhalb der Teams bestimmt.

Tabelle 11: Heterogenität der Branchenerfahrung

		Heterogenität der Branchenerfahrung
N	Gültig	159
	Fehlend	0
Mittelwert		3,3
Median		2,1
Standardabweichung		3,9
Minimum		0
Maximum		20,5

Ähnlich wie beim Lebensalter sind in den Teams keine besonders großen Unterschiede in der Branchenerfahrung zwischen den Gründern feststellbar. Der erreichte Maximalwert von 20,5 Jahren ist zwar imposant, aber er stellt die absolute Ausnahme dar, wie die geringe Distanz zwischen Median und Mittelwert zeigt. Dies führt zu der Annahme, dass Unternehmen hauptsächlich von ehemaligen Arbeitskollegen mit ähnlichem beruflichem Werdegang gegründet werden.

5.2.6 Beziehungen der Gründer vor der Unternehmensgründung

Die Wahl der Partner ist eine kritische Frage, da mit ihr letztlich über die Merkmale eines Teams entschieden wird. Die Argumente für die Vorteile von Teams bauen ja gerade auf der Möglichkeit auf, verschiedene Merkmale miteinander zu kombinieren. Dies setzt aber voraus, dass die Wahl der Gründungsmitglieder hauptsächlich unter dem Gesichtspunkt der bewussten Gestaltung erfolgt.

Wir betrachten die Beziehungen zwischen den Gründern vor der Unternehmensgründung und unterscheiden in „Arbeitsbeziehungen" und familiäre, freundschaftliche Beziehungen, die wir als „private Beziehungen" bezeichnen.

Zur Messung wurden diejenigen Beziehungen ausgezählt, die schon vor der Gründung zwischen den Gründern bestanden. Diese Ist-Beziehungen wurden dann ins Verhältnis zu den theoretisch möglichen Beziehungen gesetzt. Das Ergebnis entspricht einer prozentualen Angabe der Beziehungen eines Gründerteams. Für ein Team aus drei Gründern, in dem sich zwei Mitglieder vor der Gründung kannten ergibt sich ein Wert von 33,3%.

Tabelle 12: Beziehungen vor der Gründung

		Arbeitsbeziehung	Private Beziehung
N	Gültig	159	159
	Fehlend	0	0
Mittelwert		69%	60%
Median		100%	100%
Standardabweichung		44%	45%
Häufigkeit	keine	39	48
Häufigkeit	alle	103	84

Das Ergebnis überrascht in dem hohen Bekanntheitsgrad der Gründer vor der gemeinsamen Unternehmensgründung. Generell sind sich alle Gründer im Durchschnitt zu 69% vor der Gründung aus gemeinsamer Arbeitsbeziehung und zu 60% aus familiären bzw. freundschaftlichen Beziehungen bekannt. In mehr als 50% der Teams kannten sich alle Gründer schon vor der Gründung. In nur 39 Fällen kannte sich keines der Teammitglieder von einer früheren Arbeitsstelle, und in 48 Fällen war sich kein einziges Teammitglied aus einem privaten Kontakt bekannt. Dagegen haben in 103 Teams (oder 67%) alle Partner schon vor der Gründung miteinander zusammengearbeitet, und in 84 Teams kannten sich alle Gründer aus privaten Kontakten.

Insgesamt weisen die Teams schon vor der Gründung einen hohen Bekanntheitsgrad auf. Interessant ist nun, ob sich die Beziehungen kompensieren. Treten Fälle auf, in denen zwar keine Arbeitsbeziehungen aber dafür private Beziehungen vor der Gründung bestanden oder umgekehrt? Zu diesem Zweck wird eine Kreuztabelle gebildet, in der die beiden Beziehungsarten einander gegenübergestellt werden. Zur Vereinfachung haben wir drei Klassen von Beziehungsintensitäten gebildet. Die Klasse „keine" fasst diejenigen Teams zusammen, in denen keine Beziehung zwischen den Gründern vorlag. Die Klasse „mittel" umfasst alle Teams mit einer Beziehungsintensität bis zu 60% und die Klasse „hoch" alle Teams, in denen die Gründer sich praktisch alle untereinander vor Gründung bekannt waren.

Tabelle 13: Kreuztabelle Arbeitsbeziehung * Private Beziehung vor der Gründung

| | | Private Beziehung | | | Gesamt |
		keine	mittel	hoch	
Arbeitsbeziehung	keine	6	6	27	39
	mittel	2	0	13	15
	hoch	40	11	54	105
Gesamt		48	17	94	159

Bei gleichzeitiger Betrachtung der beiden Beziehungsarten ist festzustellen, dass die Partner vor der Gründung nur in sechs der befragten Teams weder eine gemeinsame Arbeitsbeziehung noch eine freundschaftlich familiäre Beziehung hatten. In allen anderen 153 Teams kannten sich wenigstens zwei Gründer schon vor der Gründung.

Von einer bewussten Partnerwahl nach dem Kriterium der „optimalen Ergänzung" der Merkmale der Gründungspartner kann demnach keine Rede sein. Dies entspricht auch den historischen Entwicklungen der vorgestellten erfolgreichen Unternehmen. Offensichtlich wiegt eine persönliche Beziehung zwischen den Gründungspartnern schwerer als die „optimale"

Kombination von Merkmalen. Zumindest ist der Suchraum durch die persönliche Bindung der Partner stark eingeschränkt.

5.2.7 Fluktuation

In den Diskussionen um Gründerteams wird immer wieder die Fluktuation als ein wesentliches Risiko angeführt. Schon bei der Betrachtung der historischen Gründungsfälle wurde das Problem der Fluktuation deutlich. Bei diesen Unternehmen erfolgte eine Trennung der Gründer aber in den meisten Fällen erst nach mehr als zehn Jahren. Diese Trennungen hatten keinen nachteiligen Einfluss auf den Unternehmenserfolg.

In welchem Ausmaß sind die von uns befragten Unternehmen von einer Fluktuation betroffen? Der Fall einer Partnertrennung kommt offensichtlich nur selten vor. Unter Fluktuation verstehen wir den Abgang eines oder mehrerer Gründungspartner.

In unserer Untersuchung sind nur 9% der Gründerteams (d. h. 15 Teams) von Fluktuation betroffen. In allen Fällen ist der Abgang eines einzelnen Partners zu verzeichnen. Dieser geringe Wert liegt damit deutlich unter den ermittelten Fluktuationsraten anderer Studien. Dies kann mehrere Ursachen haben:

1. Die geringe Fluktuation hängt mit dem jungen Durchschnittsalter der Unternehmen zusammen. Die Gründungspartner trennen sich meist erst nach einigen Jahren. Es ist vorstellbar, dass Trennungen in verschiedenen Entwicklungsabschnitten eines Unternehmens auftreten können: innerhalb von ein bis zwei Jahren nach der Gründung und erneut nach acht bis zehn Jahren. Damit wird die Fluktuation zu einer Funktion der Zeit.

2. Mit der Befragung haben wir nur existierende Unternehmen erreicht. Unternehmen, die aufgrund der Fluktuation eines oder mehrerer Gründungspartner bereits gescheitert sind, haben wir nicht erfasst. Das kann bedeuten, dass Fluktuation in der Praxis häufiger vorkommt.
3. Das enge persönliche Verhältnis zwischen den Gründungspartnern ist eine weitere Begründung für die geringe Fluktuation.
4. Ferner kann die aktuelle und die erwartete gute Entwicklung des Unternehmens das Gründerteam zusammenhalten.
5. Schließlich dürften wirtschaftliche und psychologische Austrittsbarrieren die geringe Fluktuation erklären.

Den dritten Punkt wollen wir noch einmal aufgreifen und prüfen, ob Fluktuation vor allem in den Teams vorkommt, deren Gründer vor der Unternehmensgründung keine oder nur wenige Kontakte zueinander haben. Bei der Analyse greifen wir auf die im voranstehenden Kapitel eingeführte Typologie der Beziehungen zurück. Unter dem Begriff soziale Beziehungen haben wir private Beziehungen und soziale Beziehungen zusammengefasst.

Tabelle 14: Fluktuation in Abhängigkeit sozialer Beziehungen vor der Gründung

	Private Beziehung			Arbeitsbeziehungen			Soziale Beziehungen		
	keine	mittel	hoch	keine	mittel	hoch	keine	mittel	hoch
Keine Fluktuation	43 (27%)	15 (9%)	86 (54%)	35 (22%)	14 (9%)	95 (60%)	42 (26%)	15 (10,5%)	87 (54%)
Fluktuation	1 (0,5%)	2 (2%)	12 (7,5%)	4 (2,5%)	1 (0,5%)	10 (6%)	6 (4%)	0 (0%)	9 (5,5%)

Die vorliegenden Ergebnisse zeigen keinen Zusammenhang zwischen der Fluktuation und dem Fehlen bzw. Vorhandensein von Beziehungen zwischen den Gründern vor der gemeinsamen Gründung. Unabhängig von den Vorbedingungen kommt es zur Trennung von Gründern. Insgesamt handelt es sich um relativ seltene Ereignisse, für die jeweils einzelfallspezifische, außerordentliche Gründe eine große Rolle spielen dürften, wie z.B. Krankheiten, Unfälle oder familiäre Ereignisse der Gründer.

5.3 Zusammenhänge zwischen Teammerkmalen

Im zweiten Schritt wollen wir die Zusammenhänge zwischen den Teammerkmalen anhand einer Korrelationsanalyse untersuchen. Da die meisten Variablen nicht normalverteilt sind, haben wir zur Zusammenhangsanalyse ausschließlich den Rangkorrelationskoeffizienten nach Spearman berechnet. Bei diesem Verfahren werden die Beziehungen zwischen zwei Variablen anhand ihrer Ränge gemessen.

Die Ergebnisse erlauben es uns, die weiteren Analysen dann zu vereinfachen, wenn einige Merkmale sehr starke Zusammenhänge aufweisen.

Tabelle 15: Zusammenhang Teammerkmale

	Branchen-erfahrung	Het. Branchen-erfahrung	Zus. Arbeits-erfahrung	Het. Zus. Arbeits-erfahrung	Fluk-tuation	Alter Mit-glieder	Het. Alter	Team-alter
Branchenerfahrung	1.00							
Heterogenität Branchenerfahrung	.59**	1.00						
Zusammenarbeitserfahrung	.27**	n.s.	1.00					
Heterogenität Zusammenarbeitserfahrung	.16*	n.s.	n.s.	1.00				
Fluktuation	n.s.	n.s.	n.s.	n.s.	1.00			
Alter Teammitglieder	.68**	.53**	.24**	n.s.	n.s.	1.00		
Heterogenität Alter Teammitglieder	.36**	.67**	n.s.	n.s.	n.s.	.44**	1.00	
Teamalter	.16*	n.s.	n.s.	n.s.	.17*	.24**	n.s.	1.00
Teamgröße	.17*	n.s.	n.s.	.21**	n.s.	n.s.	n.s.	n.s.

*   Rangkorrelation ist auf dem Niveau von 0,05 signifikant (2-seitig).
** Rangkorrelation ist auf dem Niveau von 0,01 signifikant (2-seitig).

Aus der Analyse der von uns betrachteten Teammerkmale ergeben sich erwartete, aber auch unerwartete Zusammenhänge, die wir im Detail analysieren.

Zusammenhänge mit dem durchschnittlichen Lebensalter der Teammitglieder:

1. Zu erwarten waren die starken Zusammenhänge des Lebensalters mit der durchschnittlichen Branchenerfahrung (r = .68) und der durchschnittlichen Dauer der gemeinsamen Zusammenarbeit der Gründer vor der Gründung (r = .24). Dieser Zusammenhang besagt, dass mit zunehmendem Alter der Teammitglieder ihre Branchenerfahrung und auch ihre gemeinsame Arbeitserfahrung gemessen in Jahren wächst. Aufgrund des sehr starken Zusammenhangs zwischen der Branchenerfahrung und dem Lebensalter der Teammitglieder werden wir in den nachfolgenden Analysen nur eines der beiden Merkmale berücksichtigen.

2. Ferner ist der Zusammenhang zum Teamalter (r = .24) nicht überraschend. Unternehmen, die heute älter sind, wurden natürlich früher gegründet und deshalb sind deren Gründer im Durchschnitt auch etwas älter.

3. Der starke Zusammenhang (r = .44) zur „Heterogenität des Alters der Teammitglieder" ist naheliegend und besagt, dass mit zunehmendem Alter der Gründer auch die Altersunterschiede im Team zunehmen.

4. Zu den unerwarteten Zusammenhängen zählt die hohe Korrelation des durchschnittlichen Lebensalters der Teammitglieder mit der „Heterogenität der Branchenerfahrung der Teammitglieder". In den Teams, deren Mitglieder schon bei Gründung im Durchschnitt etwas älter sind, gibt es eine höhere Varianz. Sie rührt vermutlich daher, dass in diesen Teams ältere und damit auch sehr erfahrene Grün-

der mit vergleichsweise jungen Gründern zusammenarbeiten.

Zusammenhänge mit der durchschnittlichen Branchenerfahrung der Teammitglieder:

1. Die positive Korrelation mit der Teamgröße (r = .17) überrascht nicht, da wir zur Bestimmung der Branchenerfahrung die Anzahl der Jahre der Branchenerfahrung über alle Teammitglieder aufsummiert haben. Je größer das Team ist, desto höher ist auch die Branchenerfahrung. Allerdings ist der Zusammenhang relativ schwach.
2. Ferner ist das Zusammenhangsmuster zu den übrigen Variablen ähnlich wie beim durchschnittlichen Lebensalter der Teammitglieder.

Zusammenhänge mit dem Alter der Gründerteams:

1. Auf die Korrelation (r = .24) mit der Branchenerfahrung der Gründer haben wir bereits hingewiesen.
2. Der Zusammenhang zur Fluktuation (r = .17) ist plausibel, denn er besagt, dass mit zunehmender Bestandsdauer des Teams der Fall einer Partnertrennung vorkommt.

Zusammenhänge mit der Größe des Gründerteams:

1. Den positiven Zusammenhang zur Branchenerfahrung (r = .17) haben wir bereits kommentiert.
2. Die Korrelation mit der Heterogenität der gemeinsamen Arbeitserfahrung (r = .21) kann auf eine bekannte Ursache zurückgeführt werden. In Zwei-Personen-Teams kennen sich die beiden Gründer aufgrund ihrer gemeinsamen Zusammenarbeit vor der Gründung gleich lang. Die Korrelation nimmt mit zunehmender Größe des Teams ab.

3. Überraschend ist auch, dass zwischen der Teamgröße und der Fluktuation kein Zusammenhang nachweisbar ist. Unabhängig von der Anzahl der Gründerpartner kommt es zur Trennung.

Dies ist ein überraschendes Ergebnis, da anzunehmen ist, dass gerade mit zunehmender Teamgröße das Konfliktpotential wächst und zur Trennung von einzelnen Teammitgliedern führen kann. Für die Fluktuation spielt ausschließlich die Zusammengehörigkeitsdauer des Teams eine Rolle. Die positive Korrelation besagt, je länger das Team zusammenarbeitet, desto höher ist die Tendenz zur Fluktuation.

5.4 Zusammenfassung

In diesem Kapitel haben wir die befragten Unternehmen und ihre Gründer anhand verschiedener Merkmale charakterisiert. Bei der Analyse der Merkmale haben sich einige überraschende Ergebnisse eingestellt, die sowohl für zukünftige Gründer als auch für die Forschung interessant sind. Folgende wesentliche Ergebnisse lassen sich festhalten:

Aspekte für die Forschung

- Fluktuation ist kein Problem von Gründerteams.
- Eine Auswahl von Teammitgliedern, unabhängig von sozialen Beziehungen vor der Gründung, findet praktisch nicht statt.
- Das Lebensalter der Teammitglieder und ihre Branchenerfahrung sind äquivalente Messungen.

Aspekte für die Praxis

- Die Hälfte der Unternehmen investierten in den ersten Geschäftsjahren durchschnittlich bis zu DEM 50.000,–.
- Die meisten Teams verfügen über eine mehrjährige Branchenerfahrung.
- Hauptsächlich schließen sich Gründer gleicher Altersgruppen zusammen.

6 Die Soziale Interaktion der befragten Gründerteams

Die Zielsetzung in diesem Kapitel leitet sich aus dem aufgezeigten Defizit zur systematischen Messung der Sozialen Interaktion in Gründerteams ab. Im ersten Schritt wollen wir zunächst die Qualität der von uns entwickelten Skala zur Messung der Sozialen Interaktion überprüfen. Im zweiten Schritt analysieren wir die Ausprägungen für die Komponenten der Sozialen Interaktion in den von uns befragten Gründerteams.

6.1 Die Qualität des Messmodells der Sozialen Interaktion

Die Messung der Ausprägung der Sozialen Interaktion in Gründerteams ist sehr komplex, da sie nicht direkt beobachtbar ist. Die Ausprägungen der Sozialen Interaktion werden anhand verschiedener Fragen ermittelt, die man auch als Items bezeichnet. Um zuverlässige Aussagen treffen zu können, werden mehrere Items zu Messskalen zusammengefasst. Die Erfassung der Ausprägungen der Items erfolgt anhand von 7-Punkte Ratingskalen, die „von starker Ablehnung" bis zu „starker Zustimmung" reichen. Zu jedem Team liegen mindestens von zwei Mitgliedern des Gründerteams unabhängige Einschätzungen zur Sozialen Interaktion vor. Die Werte der vorliegenden Antworten werden für jedes Unternehmen gemittelt und bilden die Basis für die Analysen. Die Bildung der Skalen zur Messung der Sozialen Interaktion erfolgt in zwei Schritten und ist geleitet von verschiedenen statistischen Qualitätsprüfungen.

Im ersten Schritt werden anhand verschiedener Fragen, die man auch als Items bezeichnet, die Ausprägungen der sechs Komponenten der Sozialen Interaktion ermittelt. Mit einer statistischen Analyse der Skalenqualität wird überprüft, ob die eingesetzten Items überhaupt in der vermuteten Weise zur Messung der jeweiligen Interaktionskomponenten zusammengefasst werden können. Die Prüfung beinhaltet die Beobachtung der Zuverlässigkeit und der Gültigkeit der Messung. Zu ihrer Überprüfung setzen wir konfirmatorische Faktorenanalysen ein. Auch muss sichergestellt sein, dass eine Wiederholung der Messung immer zu gleichen bzw. recht ähnlichen Ergebnissen führt. Der Test zur Prüfung der Zuverlässigkeit einer Messskala wird auch als Reliabilitätstest bezeichnet. Wir setzen hierzu den Cronbach Alpha Test ein. Die endgültigen Skalen werden dann durch Streichung einzelner Items gebildet. Um die Ausprägungen der einzelnen Komponenten mit einem Wert ausdrücken zu können, werden aus den jeweiligen Items Summenskalen gebildet.

Um die Ausprägung der Sozialen Interaktion in den Gründerteams bestimmen zu können, werden im zweiten Schritt die sechs Summenskalen der einzelnen Komponenten zusammengefasst. Wie im ersten Schritt werden Qualitätsprüfungen vorgenommen, um zu klären, ob die Summenskalen der sechs Komponenten zu einem Wert zusammengefasst werden können.

Neben der direkten Prüfung der Validität, erfolgt die Qualitätsüberprüfung der Messskalen auch auf indirektem Wege durch einen Vergleich der ermittelten statistischen Kenngrößen mit der Untersuchung von Högl.

Tabelle 16: *Qualitätsprüfung der Skala Soziale Interaktion*
(in Klammern die Werte von Högl 1998)

Komponenten Soziale Interaktion	# Items	Cronbach's Alpha	Eigenwerte	Faktorladungen
Kommunikation	6 (10)	.86 (.89)	4,17	.88 (.89)
Koordination	3 (4)	.78 (.75)	2,12	.80 (.73)
Gegenseitige Unterstützung	5 (7)	.89 (.94)	4,01	.93 (.91)
Arbeitsnormen	4 (4)	.91 (.86)	3,34	.84 (.82)
Kohäsion	6 (10)	.87 (.91)	3,53	.90 (.88)
Konfliktlösung	5	.87	3,23	.80
Eigenwert des Faktors Soziale Interaktion 4,44 (4,35)				
Erklärte Varianz des Faktors Soziale Interaktion 74,10% (72,60%)				
Cronbach's Alpha der Skala Soziale Interaktion .93				

Die obige Tabelle enthält die ermittelten statistischen Werte zur Bestimmung der Qualität der Messskalen der sechs Komponenten und die Qualitätsindikatoren der aggregierten Gesamtskala der Sozialen Interaktion. Zum direkten Vergleich sind in den Klammern die jeweiligen Werte der Untersuchung von Högl angeführt[87].

Die vorderen vier Spalten im oberen Teil der Tabelle dokumentieren den ersten Schritt der Skalenentwicklung. Die zweite Spalte gibt die Anzahl der Items an, aus denen sich die Skalen der einzelnen Komponenten zusammensetzen. Jede Skala wurde mit mindestens drei bis maximal sechs verschiedenen Items gebildet. Die Reliabilität (Zuverlässigkeit) der Messskalen wurde mit dem Cronbach´s Alpha Test geprüft. Die dritte Spalte enthält die Cronbach Alpha Werte der Skalen. Alle Werte

---

87 Högl (1998), S. 126 ff.

liegen deutlich über dem kritischen Grenzwert von 0.7 und zeigen eine hohe Zuverlässigkeit der eingesetzten Messungen an. Jede Skala der sechs Komponenten wurde mit einer unidimensionalen konfirmatorischen Faktorenanalyse auf ihre Konstruktvalidität (Gültigkeit) überprüft. In der vierten Spalte sind die Eigenwerte der Faktoren angeführt, die die sechs Interaktionskomponenten repräsentieren. Jedes einzelne Item wurde auf seine Faktorladung hin überprüft. Es wurde nur dann in die Messskala aufgenommen, wenn es mindestens eine Faktorladung von 0.6 erreichte. Insgesamt wird von den sechs Faktoren mindestens 60% der Varianz der eingesetzten Items erklärt. Damit ist eine ausreichende Konstruktvalidität für die entwickelten Skalen der sechs Komponenten nachgewiesen. Zusammengenommen erreichen im ersten Analyseschritt alle ermittelten statistischen Kennzahlen gute bis sehr gute Werte und zeigen eine hohe Qualität der verwendeten Messskalen an. Nach diesen Tests musste nur die Skala zur Messung der Koordination durch Streichung eines Items modifiziert werden. Alle anderen Skalen blieben unverändert. Gegenüber den ursprünglich entwickelten Varianten von Högl variiert die Anzahl der Items geringfügig, da wir aufgrund der vorliegenden Ergebnisse die Skalen schon bei der Fragebogenentwicklung etwas vereinfachen konnten. Für die Komponente Konfliktlösung liegen keine Vergleichswerte vor, da das Messkonzept von Högl diesen Faktor nicht enthält. Für die weiteren Analysen wurden die Items der einzelnen Komponenten zu Summenvariablen zusammengefasst.

Im zweiten Analyseschritt wird mittels einer konfirmatorischen Faktorenanalyse geprüft, ob sich die Summenskalen der sechs Komponenten zur Skala der Sozialen Interaktion zusammenfassen lassen. Damit handelt es sich um eine ‚quasi' zweistufige Faktorenanlyse. Allerdings werden nicht die Faktorladungen der Items, sondern die Summenvariablen der Faktoren (Komponenten) verwendet. Die fünfte Spalte enthält die Faktorladungen der sechs Komponenten, die zu dem Faktor Soziale Interaktion zusammengefasst werden. Alle ermittelten Faktorladungen liegen weit über dem geforderten Grenzwert von 0.6. Die hohe Übereinstimmung mit den von Högl ermittelten Werten, der hohe Eigenwert und der hohe Anteil erklärter Varianz des Faktors Soziale Interaktion im unteren Teil der Tabelle zeugen für eine gute Konstruktvalidität. Der hohe Cronbach Alpha Wert zeigt eine hohe Zuverlässigkeit der entwickelten Skala an. Zusammengenommen weisen die hohen Faktorladungen der einzelnen Komponenten und der hohe Cronbach Alpha Wert auch für die Gesamtskala eine sehr hohe Qualität der entwickelten Messung aus.

Die vorliegenden statistischen Kennwerte weisen die von uns gewählte Messung zur Bestimmung der Sozialen Interaktionsqualität in Gründerteams als zuverlässig (reliabel) und gültig (valide) aus. Die hohe Übereinstimmung mit den Werten der ursprünglichen Messung von Högl, die in Klammern angegeben sind, unterstreicht die hohe Qualität der entwickelten Skala. Dies bedeutet auch, dass diese Messung auf Gründerteams übertragen werden kann.

6.2 Ausprägungen der Sozialen Interaktion

Nachdem die Skalen zur Bestimmung der Sozialen Interaktion gebildet sind, können die Ausprägungen der einzelnen Komponenten analysiert werden. Die nachfolgende Tabelle gibt Aufschluss darüber, wie die Befragten die Qualität der Sozialen Interaktion in ihrem Team empfinden.

Tabelle 17: Ausprägungen der Sozialen Interaktion und ihrer Komponenten

		Soziale Interaktion	Kommuni-kation	Koordination	Gegenseitige Unterstützung	Kohäsion	Arbeits-normen	Konfliktlösung
N	Gültig	155	157	158	158	157	158	158
	Fehlend	4	2	1	1	2	1	1
Mittelwert		5,80	5,87	5,42	6,01	6,07	6	5,42
Median		5,95	6,08	5,66	6,30	6,25	6,38	5,60
Standardabweichung		0,81	0,91	0,98	0,90	0,84	1,08	0,98
Minimum		2,81	2,92	2,17	2,70	3	2	2,10
Maximum		7	7	7	7	7	7	7

Das Urteil fällt eindeutig positiv aus. Die Antworten der Interviewpartner eines Teams unterscheiden sich dabei kaum und bestätigen die eindeutig positive Tendenz. In nur ganz wenigen Teams hat die Soziale Interaktion eine geringe Ausprägung. Dies bestätigen zum einen der relativ hohe Wert des Maximums der Sozialen Interaktion und die Maxima der einzelnen Komponenten sowie die hohen Mittelwerte und Mediane. Verzerrungen durch Ausreißer liegen praktisch nicht vor. Dies bestätigen die geringen Differenzen zwischen den Medianen und den Mittelwerten sowie die geringen Standardabweichungen bei praktisch allen Komponenten der Sozialen Interaktion.

Der hohe Wert der Sozialen Interaktion ist aber keine Überraschung. Bei der Analyse der Teammerkmale haben wir festgestellt, dass die meisten Gründer sich schon vor der Gründung kannten. Sie haben entweder zusammengearbeitet oder sie standen in einer freundschaftlichen bzw. familiären Beziehung zueinander. Die Wahrscheinlichkeit für Probleme in der Zusammenarbeit, die aus Fehlbesetzungen auf der sozialen Ebene resultieren könnten, sind daher als gering einzustufen. Außerdem haben die Gründer selbst und frei entschieden, mit wem sie zusammen ein Unternehmen gründen wollen. Als Konsequenz ergeben sich daraus die hohen Bewertungen für die Soziale Interaktion in den Gründerteams.

6.3 Zusammenfassung

Das von uns übertragene und modifizierte Messkonzept zur Bestimmung der Qualität der Zusammenarbeit in Innovationsteams ist in hohem Maße geeignet, die Soziale Interaktion in Gründerteams zu messen. Die wesentlichen Ergebnisse der durchgeführten Analysen lassen sich folgendermaßen zusammenfassen.

Aspekte für die Forschung

- Das entwickelte Instrument zur Messung der Sozialen Interaktion von Gründerteams ist reliabel und valide.
- Die Qualität der Sozialen Interaktion weist in Gründerteams nur eine geringe Varianz auf.
- Die Aussagen der Teammitglieder zur Sozialen Interaktion stimmen im hohen Maße überein.

Aspekte für die Praxis

- Die Qualität der Sozialen Interaktion in Gründerteams kann zuverlässig bestimmt werden.
- Das Niveau der Sozialen Interaktion ist in Gründerteams sehr hoch.

7 Der Erfolg der befragten Gründerteams

Die Erfolgsbestimmung der befragten Unternehmen erfolgt mit verschiedenen qualitativen und quantitativen Maßen. Zunächst wird die Qualität der vier qualitativen Erfolgsdimensionen ökonomischer Erfolg, Wettbewerbsposition, Effizienz, Kundenzufriedenheit überprüft und zu einer Gesamtskala Unternehmenserfolg zusammengefasst. In einer deskriptiven Analyse werden die Ausprägungen der so gebildeten Skalen beschrieben.

Im Anschluss daran werden die quantitativen Erfolgsgrößen Umsatz, Gewinn und Anzahl der Vollzeitmitarbeiter jeweils für die letzten fünf Geschäftsjahre in ihren Ausprägungen vorgestellt.

Zum Abschluss der Erfolgsanalyse wird der Zusammenhang zwischen den qualitativen und quantitativen Erfolgsmaßen analysiert.

7.1 Die Qualität des Messmodells für den qualitativen Unternehmenserfolg

In diesem Analyseschritt werden die Skalen zur Messung der Erfolgsdimensionen und eines Gesamterfolgsmaßes empirisch abgeleitet. Die Ausprägungen der Erfolgsdimensionen werden mit mehreren Items bestimmt. Die Erfassung der Ausprägungen der Items erfolgt anhand von 7-Punkte Ratingskalen, die „von starker Ablehnung" bis zu „starker Zustimmung" reichen. Zu jedem Unternehmen liegen mindestens von zwei Mitgliedern des Gründerteams unabhängige Erfolgseinschätzungen vor. Die Werte der vorliegenden Antworten werden für jedes Unternehmen gemittelt und bilden die Basis für die nachfolgenden statistischen Analysen.

Die Bildung und Überprüfung der Messskalen des Unternehmenserfolges erfolgt analog zum Vorgehen bei der Sozialen Interaktion in zwei Schritten.

Tabelle 18: Qualitätsprüfung der qualitativen Skala Unternehmenserfolg

Dimensionen Unternehmenserfolg	# Items	Cronbach's Alpha	Eigenwerte	Faktorladungen
Wirtschaftlicher Erfolg	4	.80	2,25	.72
Wettbewerbsposition	4	.83	2,71	.67
Effizienz	2	.79	1,63	.82
Kundenzufriedenheit	2	.82	1,75	.85
Eigenwert des Faktors Qualitativer Unternehmenserfolg 2,13				
Erklärte Varianz des Faktors Qualitativer Unternehmenserfolg 53,40 %				
Cronbach's Alpha der Skala Qualitativer Unternehmenserfolg .71				

Die voranstehende Tabelle fasst die Details der Qualitätsprüfung der vier qualitativen Dimensionen des Unternehmenserfolgs und des Gesamterfolgsmaßes zusammen. Die Auswertungen der einzelnen Erfolgsdimensionen sind im oberen Teil der Tabelle in den ersten vier Spalten dargestellt. Die Werte zum Gesamterfolgsmaß sind in der letzten Spalte und im unteren Tabellenabschnitt enthalten.

Die zweite Spalte gibt die Anzahl der Items an, mit denen die einzelnen Erfolgsdimensionen gemessen werden. Jede Skala wurde mit mindestens zwei und maximal vier verschiedenen Items gebildet. Die dritte Spalte enthält die Cronbach Alpha Werte der Skalen. Alle Werte liegen deutlich über dem kritischen Grenzwert von 0.7 und zeigen eine hohe Zuverlässigkeit der eingesetzten Messungen an. In der vierten Spalte sind die Eigenwerte der Faktoren angeführt, die die Erfolgsdimensionen repräsentieren. Zunächst wurde jedes einzelne Item auf seine Faktorladung hin überprüft. Bei der Skalenbildung wurden nur diejenigen Items akzeptiert, die mindestens eine Faktorladung von 0.6 erreichten. Die Eigenwerte der vier Faktoren liegen alle deutlich über dem Grenzwert von 60%. Die verschiedenen statistischen Kenngrößen zeigen für die gebildeten Messskalen der Erfolgsdimensionen eine ausreichende Konstruktvalidität an. Die Items konnten dann zu Summenskalen zusammengefasst werden.

Genau wie schon bei der Sozialen Interaktion werden die Messskalen der vier Erfolgsdimensionen in einem zweiten Schritt zu einem Erfolgsurteil verdichtet. Hierzu verwenden wir die Summenskalen der einzelnen Erfolgsdimensionen. Dieses Maß bezeichnen wir als den Qualitativen Unternehmenserfolg. Die fünfte Spalte enthält die in einer konfirmatorischen Faktorenanalyse ermittelten Faktorladungen der vier Erfolgsdimensionen. Alle Faktorladungen liegen deutlich über dem geforderten Grenzwert von 0.6. Insgesamt ist die Konstruktvalidität des aus den Summenvariablen der Erfolgsdimensionen gebildeten Faktors Unternehmenserfolg ausreichend. Auch der Cronbach Alpha Wert zeigt eine zufriedenstellende Zuverlässigkeit der entwickelten Skala an. Zusammengenommen weisen die hohen Faktorladungen der einzelnen Komponenten und der hohe Cronbach Alpha Wert auch für die Gesamtskala eine sehr hohe Qualität der entwickelten Messung aus.

Die statistischen Kennwerte der entwickelten Skalen zur Bestimmung des Unternehmenserfolgs sind mindestens befriedigend, so dass sie in den weiteren Analyseschritten verwendet werden können.

7.1.1 Ausprägungen der qualitativen Erfolgsmaße

Nachdem wir geprüft haben, ob sich die entwickelten Skalen für eine Erfolgsmessung eignen, können wir nun anhand der Ausprägungen der Erfolgsdimensionen überprüfen, wie die Gründer den Erfolg ihres Unternehmens einschätzen.

Tabelle 19: Ausprägungen der qualitativen Erfolgsdimensionen

		Wirtschaft-licher Erfolg	Kunden-zufrieden-heit	Wett-bewerbs - position	Effizienz	Qualitativer Unterneh-menserfolg
N	Gültig	156	157	152	156	150
	Fehlend	3	2	7	3	9
Mittelwert		5,19	5,95	4,91	4,63	5,17
Median		5,33	6	5	4,75	5,22
Standardabweichung		1,25	0,74	1,04	1,15	0,81
Minimum		1,50	2,75	2	1,75	2,58
Maximum		7	7	7	7	6,94

Die Ausprägungen der qualitativen Erfolgsbewertungen zeigen an, wie die befragten Gründer die Geschäftsentwicklung persönlich einstufen. Insgesamt fallen die hohen Werte auf. Der erzielte Erfolg wird von den Befragten einhellig positiv eingestuft. Dies bestätigen auch die geringen Abweichungen zwischen dem Median und dem Mittelwert bei praktisch allen Erfolgsdimensionen. Auch die Standardabweichungen fallen bei allen Erfolgsdimensionen gering aus.

Besonders kritisch beurteilen die Gründer die erreichte Effizienz und Wettbewerbsposition. Es ist selbstverständlich, dass sich ein junges Unternehmen am Markt erst behaupten und eine Marktposition erobern muss. Die Gründe für das kritische Effizienzurteil sind nicht so offensichtlich. In vielen Fällen sehen die Befragten noch ein Verbesserungspotential für die internen Leistungsprozesse. Gerade für die kleinen Unternehmen, sind die Probleme der internen Organisation überraschend. Zum einen kann dies an der Neuartigkeit der Prozesse liegen, denn die Lerneffekte stellen sich bei den Unternehmen erst nach häufiger Wiederholung ein. Zum anderen liegen häufig noch keine klaren organisatorischen Regelungen vor.

7.1.2 Zusammenhang zwischen den qualitativen Erfolgsdimensionen

Bei der Prüfung der Skalen zur Messung des Unternehmenserfolgs aus qualitativer Sicht haben wir zwar überprüft, ob die einzelnen Erfolgsdimensionen zu einem Gesamturteil zusammengefasst werden können. Aber die Gewichtung der Skalen und ihr Zusammenspiel wird aus diesen Analysen nicht unbedingt ersichtlich. Anhand von Korrelationsanalysen wollen wir die Zusammenhänge zwischen den Erfolgsdimensionen überprüfen.

Tabelle 20: Zusammenhang qualitativer Erfolgsmaße

	Wirtschaft-licher Erfolg	Kunden-zufriedenheit	Wettbewerbs-position	Effizienz
Wirtschaftlicher Erfolg	1.0			
Kundenzufriedenheit	.18*	1.0		
Wettbewerbsposition	.47**	.37**	1.0	
Effizienz	.61**	.38**	.44**	1.0
Unternehmenserfolg	.82**	.54**	.72**	.85**

* Rangkorrelation ist auf dem Niveau von 0,05 signifikant (2-seitig).
** Rangkorrelation ist auf dem Niveau von 0,01 signifikant (2-seitig).

Die hohen Korrelationen zwischen den qualitativen Erfolgsdimensionen zeigen, dass sie zu einem Maß zusammengefasst
werden können. Als Konsequenz werden wir in den nachfolgenden Analysen nur das aggregierte Erfolgsmaß „Unternehmenserfolg" verwenden, das wir aus den vier Dimensionen des
von den Gründern subjektiv wahrgenommenen Erfolges gebildet haben. Die Analyse zeigt ganz unterschiedliche Zusammenhänge zwischen den qualitativen Erfolgsmaßen auf.

Zusammenhänge mit der Effizienz:

1. Der starke Zusammenhang mit dem wirtschaftlichen Erfolg
   ($r = .61$) besagt, dass Gewinne nur möglich sind, wenn auch
   die verschiedenen Prozesse der Wertschöpfung optimal gestaltet sind.
2. Aus der relativ hohen Korrelation mit der Wettbewerbsposition ($r = .44$) ist zu schließen, dass sich die kostenoptimale
   Beherrschung der internen Prozesse auch auf die Ausgestal-
   tung der Wettbewerbsposition auswirkt.

Zusammenhänge mit dem wirtschaftlichen Erfolg:

1. Überraschend ist der schwache Zusammenhang zwischen
   dem wirtschaftlichen Erfolg und der Kundenzufriedenheit
   ($r = .18$). Häufig starten neu gegründete Unternehmen mit
   einem kleinen Kundenstamm, so dass sich die Zufriedenheit einzelner Kunden in der Folge auch stark auf den wirtschaftlichen Erfolg auswirken sollte. Die eingeschätzte Kundenzufriedenheit erreicht die höchste Ausprägung der
   Erfolgsdimensionen. Die Notwendigkeit zufriedener Kunden wird zumindest wahrgenommen, aber sie weist dennoch keinen starken Zusammenhang zum wirtschaftlichen
   Erfolg auf.

2. Ganz anders verhält sich hingegen die erreichte Wettbewerbsposition (r = .47). Sie ist die notwendige Voraussetzung für einen wirtschaftlichen Erfolg.

Alle vier Erfolgsdimensionen korrelieren sehr hoch mit dem Gesamtmaß „Unternehmenserfolg" und bestätigen noch einmal die Qualität dieses Erfolgsmaßes.

7.2 Quantitative Erfolgsgrößen

Im vorangehenden Kapitel haben wir den Unternehmenserfolg aus der Sicht der Gründer ermittelt. Wir haben diese Art der Messung als qualitative Erfolgsmaße bezeichnet. In diesem Kapitel wollen wir eine zweite Messung des Unternehmenserfolges aus der Perspektive betriebswirtschaftlicher Kennzahlen vornehmen. Wir bezeichnen diese Erfolgsmaße als quantitative Größen. Sie sind unabhängig vom individuellen Urteil der jeweiligen Gründer. In der Literatur werden diese Erfolgsmaße deshalb häufig auch als „objektive" Erfolgsmaße bezeichnet.

Natürlich ergeben sich auch bei diesen „objektiven" Maßen vielfältige subjektive Ermessensspielräume. Verzerrungen dieser Maße ergeben sich auch aus den Schwierigkeiten oder der Ablehnung der Respondenten, genaue Angaben über die wirtschaftliche Situation ihres Unternehmens zu machen. Eine externe Validierung der Angaben durch Expertenbefragungen, z.B. durch Kapitalgeber könnte hier Abhilfe schaffen, allerdings ist dies insbesondere bei der betrachteten Stichprobe aufgrund des Unternehmensalters und der Vertraulichkeit der Informationen kaum zu realisieren. Hinzu kommt, dass Vorschriften aus steuerlichen und anderen Gründen den bestmöglichen Einblick in die Vermögens-, Ertrags- und Finanzlage durchaus auch verschlechtern können. Bemerkenswert ist, dass es auch unter „Experten" keine eindeutige Auffassung gibt, welches die jeweils „richtige" Bilanzierung darstellt.

Bei jungen Unternehmen sind die Mess- und Aussageprobleme besonders groß, weshalb man vielleicht auch eher von „quantitativen" als von „objektiven" Größen sprechen sollte. Es handelt sich um sozialwissenschaftliche nicht um naturwissenschaftliche Sachverhalte. Selbst die „Insolvenz" eines Unternehmens ist kein objektiver Tatbestand. Unternehmen „sind" nicht insolvent – sie werden vielmehr für insolvent „erklärt".

Zur Bestimmung des Unternehmenserfolges aus der quantitativen Perspektive verwenden wir die drei Maße: Anzahl der beschäftigten Vollzeitmitarbeiter, Umsatz und Gewinn. Um zeitpunktbezogene Analysen vornehmen zu können, soweit dies aufgrund des Unternehmensalters überhaupt möglich ist, haben wir die entsprechenden Werte für die Jahre 1995 bis 1999 ermittelt. Diese Werte haben wir gemäß des Unternehmensalters den einzelnen Geschäftsjahren zugeordnet. Dies ermöglicht auch den Vergleich mit Unternehmen, die älter als fünf Jahre sind. Damit konnten wir in den Vergleich auch noch sechsjährige Unternehmen mit einbeziehen. Für diese Unternehmen liegen zwar keine Daten über das erste Geschäftsjahr vor, jedoch für das zweite bis sechste. Bei den folgenden Analysen führt das dazu, dass die Anzahl der Fälle zwischen dem ersten und zweiten Geschäftsjahr zunimmt.

7.2.1 Entwicklung der Vollzeitarbeitsplätze

Bei der Analyse der Unternehmensgröße haben wir die Anzahl der Vollzeitmitarbeiter als Größenindikator herangezogen. Aus der Sicht der Unternehmensentwicklung soll die Anzahl der Vollzeitmitarbeiter als Wachstumsindikator herangezogen werden. Insgesamt haben wir anhand der 1999 beschäftigten

Vollzeitmitarbeiter eine relativ geringe Beschäftigtenzahl nachgewiesen und dies auf das Alter der Unternehmen zurückgeführt.

Tabelle 21: Entwicklung der Arbeitsplätze

		Vollzeitarbeitsplätze je Geschäftsjahr					
		1. Jahr	2. Jahr	3. Jahr	4. Jahr	5. Jahr	6. Jahr
N	Gültig	135	143	121	74	42	17
	Fehlend	24	16	38	85	117	142
Mittelwert		3,4	4,9	6,5	10,2	9,2	11,6
Standardabweichung		11,6	13,7	16,2	23,3	11,3	14
Minimum		0	0	0	0	0	0
Maximum		120	120	170	190	63	52
25% Perzentil		0	1	2	2	3	2,5
50% Perzentil		1	2	3	5	6	6
75% Perzentil		3	4	6	10	10	18

Betrachtet man die Beschäftigtenzahl in Abhängigkeit der Geschäftsjahre, dann werden von den befragten Unternehmen durchschnittlich 3,4 Arbeitsplätze im ersten Geschäftsjahr geschaffen. Die Abweichung zwischen dem Mittelwert und dem Median deutet auf Ausreißer hin. Etwa 40% der befragten Unternehmen konnten im ersten Geschäftsjahr überhaupt keine Arbeitsplätze schaffen, andererseits konnte ein Unternehmen schon 120 Mitarbeiter beschäftigen.

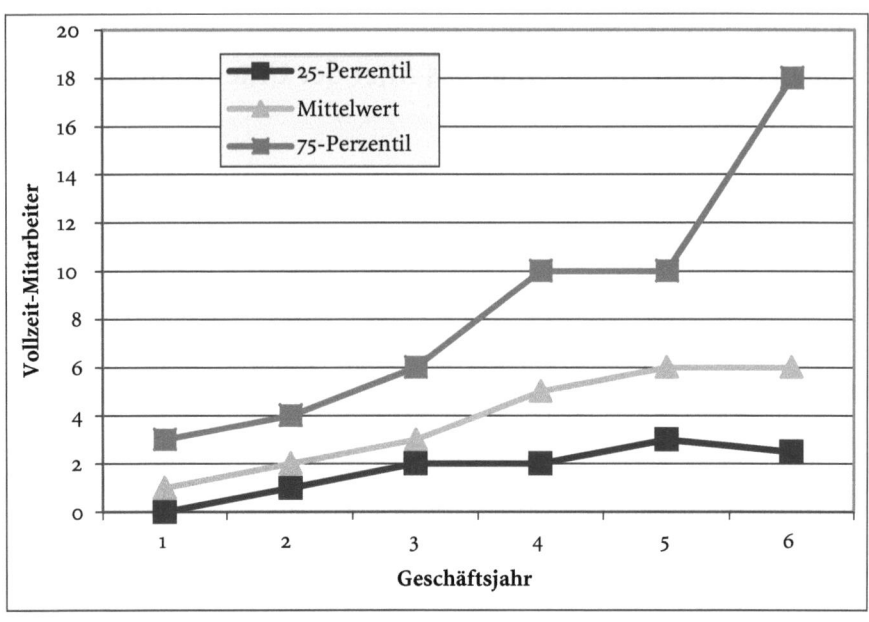

Abbildung 6: 25%-Perzentile der Vollzeitmitarbeiter im Zeitablauf

Trotz der großen Unterschiede zwischen den Unternehmen ist eine eindeutige Steigerung der Mitarbeiterzahlen in den weiteren Geschäftsjahren zu erkennen. Im vierten Geschäftsjahr können die Unternehmen durchschnittlich zehn Vollzeitarbeitsplätze schaffen. Das 50%-Perzentil liegt bei fünf Vollzeitmitarbeitern. Betrachtet man hierzu noch einmal die Verteilung, so konnten im vierten Geschäftsjahr nur 3% der Unternehmen keinen aber schon 25% mehr als zehn Arbeitsplätze schaffen.

7.2.2 Entwicklung der Umsätze

Der Erfolg ist sicherlich an die erzielten Umsätze geknüpft. Die Umsätze können aber erst dann als Erfolgsgröße hinzugezogen werden, wenn sie im zeitlichen Verlauf betrachtet werden. Anhand der ersten sechs Geschäftsjahre wollen wir die Umsätze der befragten Unternehmen betrachten.

118

Tabelle 22: *Entwicklung des Umsatzes nach Geschäftsjahren*

		Umsatz je Geschäftsjahr in DEM Mio.					
		1. Jahr	2. Jahr	3. Jahr	4. Jahr	5. Jahr	6. Jahr
N	Gültig	131	141	118	69	40	16
	Fehlend	28	18	41	90	119	143
Mittelwert		0,96	1,74	2,36	3,33	2,91	3,21
Standardabweichung		2,90	4,14	7,08	9,65	2,93	2,91
Minimum		0,10	0,10	0,01	0,10	0,25	0,30
Maximum		30	30	66	80	15	11
25% Perzentil		0,10	0,30	0,50	0,80	1	1
50% Perzentil		0,30	0,70	1	1,60	2,20	2,10
75% Perzentil		0,70	1,50	2	2,80	4	5

Ein erstes Bild über die Umsätze der Unternehmen erhalten wir aus den Mittelwerten der einzelnen Geschäftsjahre. Schon im ersten Geschäftsjahr liegt der mittlere Umsatz bei knapp einer Mio. DEM. In der zeitlichen Entwicklung der Umsätze konnten die befragten Unternehmen bis zum vierten Geschäftsjahr eindeutige Umsatzsteigerungen erreichen. Der Abfall im fünften und sechsten Geschäftsjahr liegt an den recht kleinen Gruppen und ist nicht repräsentativ. Allerdings sind die Umsätze sehr heterogen verteilt, was die hohen Abweichungen zwischen den Mittelwerten und den Medianen (50%-Perzentile) sowie die hohen Standardabweichungen anzeigen. Es ist daher sinnvoll die Perzentile zu betrachten.

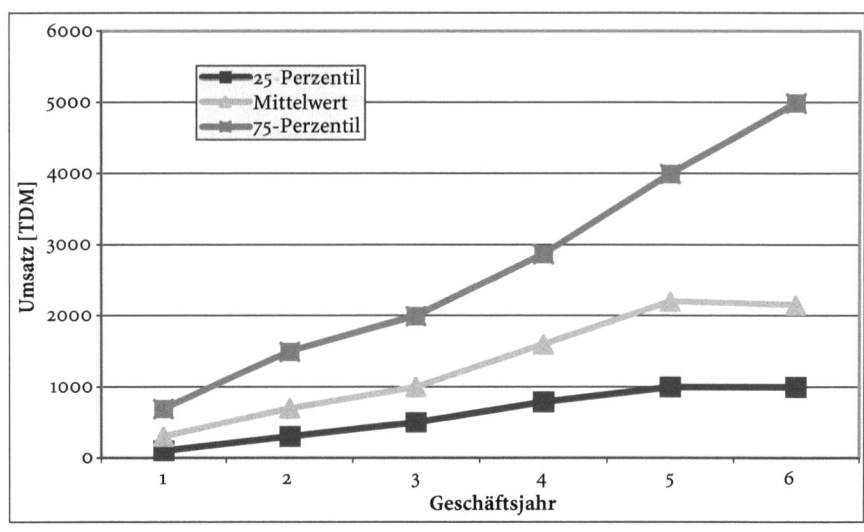

Abbildung 7: 25%-Perzentile des Umsatzes im Zeitablauf

Schon im dritten Geschäftsjahr beginnen die Umsätze, größere Unterschiede aufzuweisen. Im fünften Geschäftsjahr können 25% der Unternehmen (75%-Perzentil) einen Umsatz über vier Mio. DEM erzielen, die unteren 25% erreichen allerdings nur einen Umsatz von bis zu einer Mio. DEM.

7.2.3 Entwicklung der Umsätze pro Mitarbeiter

Neben den absoluten Mitarbeiter- und Umsatzzahlen ist auch das Verhältnis zwischen den beiden Größen interessant. Bei der Berechnung der Umsätze pro Mitarbeiter haben wir auch die Gründer als Mitarbeiter berücksichtigt, da wir in unserer Untersuchung ausschließlich Vollzeit tätige Gründer berücksichtigen.

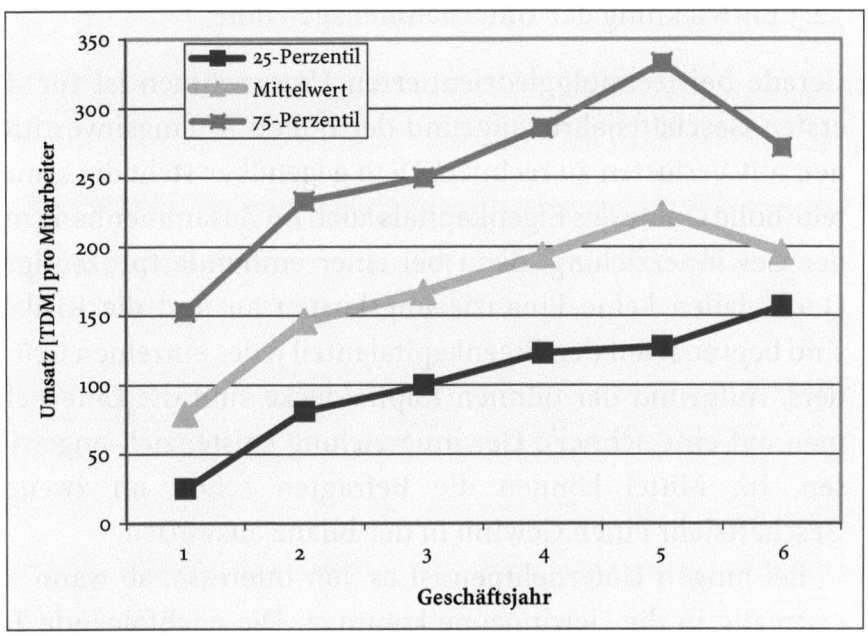

Abbildung 8: *25%-Perzentile des Umsatzes pro Mitarbeiter im Zeitablauf*

Betrachtet man die beiden Größen Mitarbeiter und Umsatz im Verhältnis zueinander, dann fallen die Unterschiede zwischen den befragten Unternehmen wie schon beim Umsatz deutlich auf. 25% der Unternehmen erreichen im fünften Geschäftsjahr einen Umsatz pro Mitarbeiter von DEM 350.000,–, während die unteren 25% die Schwelle von DEM 150.000,– nicht erreichen.

Trotz dieser Unterschiede, fällt ein insgesamt hohes Niveau der Umsätze pro Mitarbeiter auf. Dies mag darauf zurückzuführen sein, dass die von uns betrachten jungen und verhältnismäßig kleinen Unternehmen eine größere Anzahl von Teil- oder freien Beschäftigten haben, die ebenfalls zum Umsatz beitragen und es den Unternehmen ermöglichen, personalmäßig sehr flexibel auf eine sich verändernde Nachfrage zu reagieren.

7.2.3 Entwicklung der Unternehmensgewinne

Gerade bei technologieorientierten Unternehmen ist für die ersten Geschäftsjahre aufgrund der hohen Anfangsinvestitionen mit Verlusten zu rechnen. Dem gegenüber steht die ermittelte hohe Quote des Eigenkapitals auch im Zusammenhang mit der Gewinnerzielung, denn bei einer einhundertprozentigen Quote fallen keine Finanzierungskosten an und die Risiken sind begrenzt auf den Eigenkapitalanteil jedes einzelnen Gründers. Aufgrund der dünnen Kapitaldecke sind die Unternehmen auf eine schnelle Gewinnerzielung existenziell angewiesen. Im Mittel können die Befragten schon im zweiten Geschäftsjahr einen Gewinn in der Bilanz ausweisen.

Bei jungen Unternehmen ist es von Interesse, ab wann sie erstmalig in die Gewinnzone kommen. Die nachfolgende Tabelle gibt auf diese Frage eine Antwort.

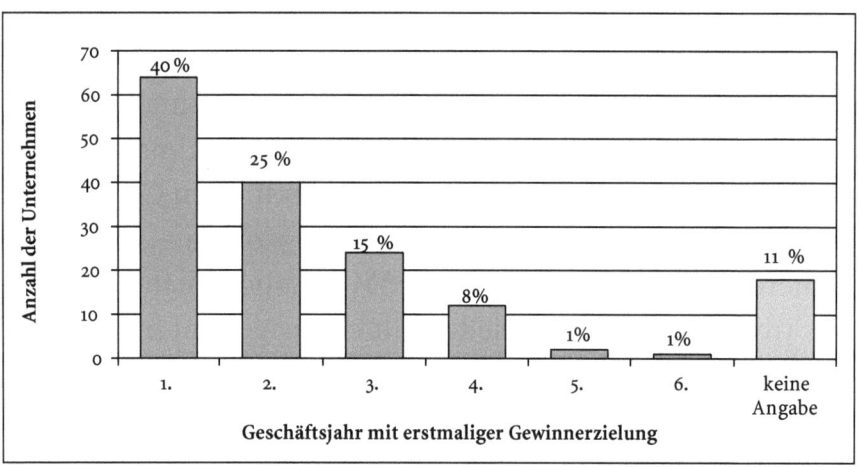

Abbildung 9: Jahr des erstmalig erzielten Gewinns

Bei der Analyse der Unternehmensmerkmale haben wir eine überdurchschnittlich hohe Eigenkapitalquote festgestellt. Als wesentliche Vorteile einer hohen Eigenkapitalquote haben wir die geringen Finanzierungskosten und die auf den Eigenkapitalanteil jedes einzelnen Gründers begrenzten Risiken angeführt. Die hohe Quote des Eigenkapitals steht auch im Zusammenhang mit der Gewinnerzielung, denn aufgrund der dünnen Kapitaldecke sind die Unternehmen auf eine schnelle Gewinnerzielung existenziell angewiesen. Dementsprechend hoch ist der Anteil derjenigen Unternehmen (40%), die schon im ersten Geschäftsjahr einen Gewinn erzielen können. Im Mittel können die Befragten schon im zweiten Geschäftsjahr einen Gewinn in der Bilanz ausweisen.

Bei den 18 Fehlwerten handelt es sich ausschließlich um Unternehmen, die 1999 gegründet wurden und beim Interviewtermin noch keine quantitativen Aussagen über die Gewinnsituation treffen konnten.

Von Interesse ist auch die Höhe der erwirtschafteten Gewinne und Verluste. In den Interviews wurde nicht nach dem absoluten Betrag gefragt, sondern die realisierten Gewinne bzw. Verluste wurden mittels folgender sechs Klassen erfasst:

1. Verluste über DEM –100.000,–
2. Verluste zwischen DEM –30.000,– und DEM –100.000,–
3. Verluste bzw. Gewinne zwischen DEM –30.000,– und DEM +30.000,–
4. Gewinne zwischen DEM +30.000,– und DEM +100.000,–
5. Gewinne zwischen DEM +100.000,– und DEM +500.000,–
6. Gewinne über DEM +500.000,–

Tabelle 23: Entwicklung der Gewinne und Verluste nach Geschäftsjahren

		Gewinn/Verlust je Geschäftsjahr					
		1. Jahr	2. Jahr	3. Jahr	4. Jahr	5. Jahr	6. Jahr
N	Gültig	130	139	116	70	38	16
	Fehlend	29	20	43	89	121	143
Mittelwert		3,27	3,52	3,79	4,20	4,16	4,36
Median		3	3	4	4	4	5
Standardabweichung		1,11	1,19	1,19	1,03	1,15	1,36

Die hohe Zahl von Unternehmen, die schon im ersten Jahr Gewinne verbuchen und damit als erfolgreich eingestuft werden können, ist überraschend. Anhand von weiteren Indikatoren wollen wir deshalb diese positive Entwicklung überprüfen. Sie deckt sich mit der hohen Zahl von Übernahmeangeboten, die den befragten Unternehmen vorlagen. Immerhin wurde 73 Unternehmen (39,5%) eine konkrete Übernahme offeriert. Als Gründe für das große Interesse an den Unternehmen wurden die entwickelten Technologien und die erreichte Marktstellung gleichermaßen genannt. Auch die Frage, ob Risikokapital zu Verfügung steht, kann zur Überprüfung der Ertragsentwicklung herangezogen werden. Immerhin konnten 27 der befragten Unternehmen (17%) Risikokapital erhalten. Die Gruppe der Unternehmen mit Risikokapital unterscheidet sich in den Mittelwerten der qualitativen Erfolgsmaße nicht von den anderen Unternehmen. Beim Vergleich der Mittelwerte der quantitativen Erfolgsmaße stellen sich allerdings signifikante Mittelwertabweichungen bei den Umsätzen und den Vollzeitmitarbeitern ein, nicht aber bei den Erträgen.

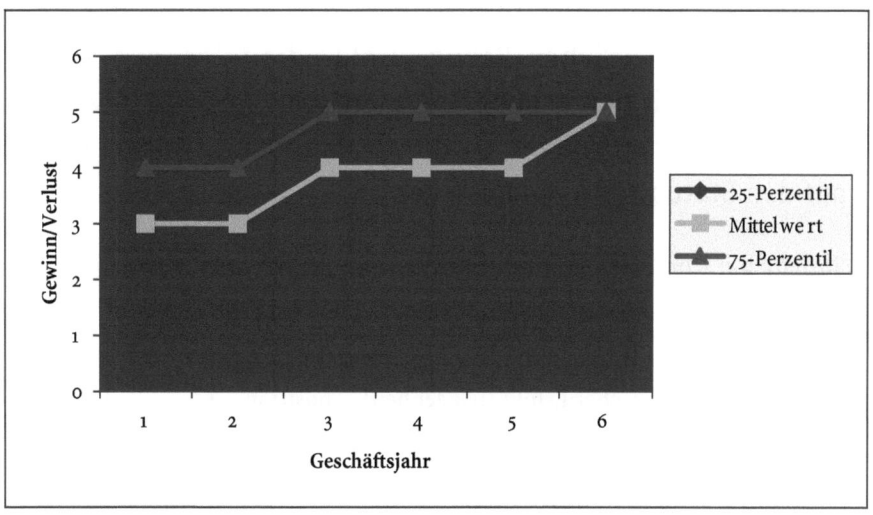

Abbildung 10: 25%-Perzentile der Gewinn-Verlustentwicklung

Über den zeitlichen Verlauf der von uns betrachteten sechs Geschäftsjahre wird diese positive Gewinnentwicklung bestätigt.
Im ersten Geschäftsjahr konnte nur ein Drittel der Unternehmen einen Gewinn über DEM 30.000,– erwirtschaften, im fünften Geschäftsjahr waren es aber schon 75%!

7.3 Zusammenhang zwischen qualitativen und quantitativen Erfolgsgrößen

Aufgrund der geschilderten Problematik zur Bestimmung des Erfolges junger Unternehmen, haben wir verschiedene Erfolgsmaße verwendet. Anhand von Korrelationsanalysen wollen wir
nun ermitteln, welche Zusammenhänge die quantitativen und
qualitativen Erfolgsgrößen aufweisen, und prüfen, ob wir mit beiden Maßkategorien auch wirklich dasselbe messen. Da sich die
persönlichen Erfolgseinschätzungen der Gründer auf das Jahr
der Befragung 1999 beziehen, gehen in die Korrelationsanalyse
auch nur die quantitativen Erfolgsgrößen des Jahres 1999 ein.

Bei der Analyse ist zu beachten, dass aufgrund der unterschiedlichen zeitlichen Bezugspunkte die folgenden Korrelationen nur mit den erhobenen quantitativen Größen von 1999 ermittelt werden sollten, da die qualitativen Erfolgsmaße sich auf den Status von 1999 beziehen.

Tabelle 24: Korrelationen qualitativer und quantitativer Erfolgsmaße aller Unternehmen

	Wirtschaftlicher Erfolg	Kundenzufriedenheit	Wettbewerbsposition	Effizienz	U.Erfolg
Mitarbeiter 99	.32**	n.s.	.40**	n.s.	.29**
Umsatz 99	.34**	n.s.	.42**	n.s.	.29**
Gewinn/Verlust 99	.40**	.19*	.28**	.37**	.40**

** Rangkorrelation ist auf dem Niveau von 0,01 signifikant (2-seitig).
* Rangkorrelation ist auf dem Niveau von 0,05 signifikant (2-seitig).

Betrachten wir zuerst den Zusammenhang des qualitativen Gesamterfolgsmaßes (U.Erfolg) mit den quantitativen Maßen. Der stärkste Zusammenhang (r = .40) zwischen den persönlichen Erfolgseinschätzungen der Gründer besteht zum realisierten Unternehmensgewinn. Deutlich geringer fallen die Korrelationen zu den beiden anderen quantitativen Maßen aus. Aus der deskriptiven Analyse wissen wir, dass gerade in den ersten beiden Geschäftsjahren die Umsätze und die Mitarbeiterzahlen starken Schwankungen unterliegen. Dies schränkt die Zuverlässigkeit dieser beiden Erfolgsmaße ein. Die qualitative Messung hat hier den Vorteil, dass die befragten Gründer verschiedene Aspekte in ihre Erfolgsbeurteilung mit einbeziehen, was durchaus zu einer stabileren und zuverlässigeren Erfolgsmessung für die ersten beiden Geschäftsjahre führt. Die unterschiedlichen Niveaus der Maße führen zu den relativ schwachen Korrelationen, zumal die Anzahl der Mitarbeiter und die realisierten Umsätze nicht unbedingt als Erfolgsgrößen, sondern eher als Wachstumsgrößen angesehen werden können.

Eine starke Wettbewerbsposition ist verbunden mit höheren Umsätzen und einer größeren Anzahl von Mitarbeitern. Hingegen ist zur Kundenzufriedenheit und zur Effizienz keine Beziehung festzustellen. Der wirtschaftliche Umgang mit Ressourcen ist aber eng mit dem erzielten Gewinn verbunden.

Der Befund zeigt bei den meisten Zusammenhängen signifikante positive Korrelationen. Sie sind aber nur von mittelgroßem Ausmaß, was darauf hindeutet, dass die jeweiligen Maßzahlen zwar einen gemeinsamen Kern treffen, aber auch sehr unterschiedliche Erfolgsaspekte abdecken.

Um zu einem aussagekräftigeren Bild zu gelangen, führen wir die Zusammenhangsanalyse getrennt für sehr junge Unternehmen (bis zu zwei Jahre alt) und ältere Unternehmen durch (drei bis sechs Jahre alt). Bei sehr jungen Unternehmen ist die Bestimmung der Bilanzdaten allein wegen der Problematik eines ersten „Rumpfgeschäftsjahres" und Ermessensspielräumen bei der Rechnungslegung unsicher, so dass sich bei ihnen tendenziell geringere Zusammenhänge zwischen subjektiven und quantitativen Maßzahlen ergeben sollten. Außerdem unterliegen die Mitarbeiterzahlen, die Umsätze und die Gewinne bzw. Verluste in den ersten Jahren noch besonders starken Schwankungen.

Die nachfolgende Tabelle enthält die Korrelationen getrennt nach den beiden Gruppen. In die Kategorie der drei bis sechs jährigen Unternehmen fallen 121 der befragten Unternehmen und in die Kategorie der bis zu zwei Jahre alten Unternehmen fallen 38.

Tabelle 25: Zusammenhang qualitativer und quantitativer Erfolgsmaße in Abhängigkeit vom Unternehmensalters

	Wirtschaftlicher Erfolg	Kundenzufriedenheit	Wettbewerbsposition	Effizienz	U.Erfolg
Unternehmen älter als zwei Jahre (N = 121)					
Mitarbeiter 99	.33**	n.s.	.31**	n.s.	.25**
Umsatz 99	.37**	n.s.	.34**	n.s.	.27**
Gewinn/Verlust 99	.46**	.19*	.29**	.38**	.45**
Unternehmen bis zwei Jahre (N = 38)					
Mitarbeiter 99	n.s.	.37*	.59**	n.s.	.44*
Umsatz 99	n.s.	n.s.	.51**	n.s.	n.s.
Gewinn/Verlust 99	n.s.	n.s.	n.s.	n.s.	n.s.

** Rangkorrelation ist auf dem Niveau von 0,01 signifikant (2-seitig).
* Rangkorrelation ist auf dem Niveau von 0,05 signifikant (2-seitig).

Aufgrund der kleinen Stichprobe sind die meisten Korrelationen zwischen den Erfolgsmaßen der jüngeren Unternehmen nicht signifikant. Die Korrelationen der Erfolgsmaße fallen für die beiden Gruppen unterschiedlich aus.

- Für die Gruppe der bis zu zweijährigen Unternehmen besteht ein signifikanter Zusammenhang (r=.44) zwischen dem qualitativen Maß für den Unternehmenserfolg und der Anzahl der Vollzeitmitarbeiter.

- Dieser Zusammenhang besteht auch bei den älteren Unternehmen, allerdings ist er nicht so stark (r = .25). Oft stellt sich in den ersten Geschäftsjahren noch kein Unternehmensgewinn ein. Der Zusammenhang zwischen dem qualitativen Maß Wirtschaftlicher Erfolg und dem quantitativen Maß Ertrag 1999 ist gerade bei der Gruppe der älteren Unternehmen besonders stark (r = .46). Überraschend ist die deutlich schwächere Korrelation mit dem Umsatz. Der wirtschaftliche Erfolg wird nur dann wahrgenommen, wenn sich entsprechender Gewinn/Verlust einstellt.

Der Einsatz von quantitativen Erfolgsmaßen ist gerade bei jungen Unternehmen nicht unumstritten. Wie die Analyse der quantitativen Erfolgsmaße zeigt, können sie nicht ohne weiteres verwendet werden, da z.B. das Umsatzwachstum einen Mittelwert von 600% aufweist. Dieser Wert wird vom Alter der Unternehmung stark beeinflusst. Dies gilt auch für das Gewinnwachstum. Speziell technologieorientierte Unternehmen haben in der Anfangsphase mit hohen Anlaufverlusten zu kämpfen. Die hohe Dynamik der Gründungs- und Aufbauphase schlägt direkt auf die quantitativen Erfolgsmaße durch. Zuverlässige Erfolgsaussagen sind für die ersten zwei bis drei Geschäftsjahre anhand dieser Kennzahlen kaum möglich. Die Verwendung quantitativer Erfolgsmaße ist gerade für Unternehmen, die jünger als zwei Jahre sind, als kritisch einzustufen und kann höchstens als eine Orientierung verwendet werden. Daher korrelieren die quantitativen Indikatoren auch nur relativ schwach mit den qualitativen Erfolgsmessungen. In diesen Fällen sind die qualitativen Maße vorzuziehen. Die Analyse der Zusammenhänge zwischen den qualitativen und quantitativen Erfolgsmaßen zeigt, dass die eingesetzten qualitativen Erfolgsmaße, die auf Einschätzungen der Befragten beruhen, eine gute Näherung für eine Erfolgsmessung sind.

7.4 Zusammenfassung

Die Messung des Unternehmenserfolgs junger Unternehmen wirft einige Probleme auf. Um ihnen zu begegnen und um möglichst zuverlässige Aussagen über den Erfolg zu erhalten, haben wir verschiedene quantitative und qualitative Erfolgsmaße eingesetzt.

Aspekte für die Forschung

- Ableitung eines reliablen und validen Messkonzepts des Erfolgs junger Unternehmen.
- Quantitative Erfolgsmaße sind zur Erfolgsbestimmung von Unternehmen, die jünger als drei Jahre sind, nur eingeschränkt nutzbar.
- Qualitative und quantitative Erfolgsmaße konvergieren mit zunehmendem Unternehmensalter.

Aspekte für die Praxis

- Die erreichte Effizienz ist ein wichtiger Erfolgsindikator.
- 40% der befragten Unternehmen erzielen im ersten Geschäftsjahr einen Gewinn.
- 50% der befragten Unternehmen realisieren im ersten Geschäftsjahr einen Umsatz pro Mitarbeiter in Höhe von mindestens DEM 79.000,–.
- Im vierten Geschäftsjahr weisen 75% der befragten Unternehmen einen Gewinn von über DEM 30.000,– aus.

8 Empirische Überprüfung der Untersuchungshypothesen

Mit den entwickelten und überprüften Messmodellen der Sozialen Interaktion und dem Unternehmenserfolg können wir nun die empirische Überprüfung der drei aufgestellten Hypothesen vornehmen.

8.1 Erfolgseinfluss der Merkmale von Gründerteams

In der ersten Hypothese (H1) haben wir unsere Vermutung eines Einflusses der Merkmale von Gründerteams auf den Unternehmenserfolg festgehalten. Im folgenden analysieren wir den Einfluss von sechs Teammerkmalen auf den qualitativen Unternehmenserfolg und auf vier quantitative Erfolgsindikatoren.

Tabelle 26: Zusammenhang Teammerkmale und Unternehmenserfolg

Komponenten Unternehmenserfolg	Teammerkmale					
	Teamgröße	Fluktuation	Branchenerfahrung	Heterogenität Branchenerf.	Zusammenarbeitserfahrung	Heterogenität Zus.Erfahrung
Qual. U.Erfolg	n.s.	-.20*	n.s.	n.s.	n.s.	n.s.
Mitarbeiter 99	n.s.	n.s.	.22**	n.s.	n.s.	n.s.
Umsatz 99	n.s.	n.s.	.34**	n.s.	n.s.	n.s.
Gewinn 99	n.s.	n.s.	.17*	n.s.	n.s.	n.s.
Umsatz 1. Jahr	n.s.	n.s.	.34**	n.s.	.30**	n.s.
Umsatz 2. Jahr	n.s.	n.s.	.34**	.21*	.25**	n.s.
Umsatz 3. Jahr	n.s.	n.s.	.33**	.19*	.21*	n.s.
Umsatz 4. Jahr	n.s.	n.s.	.36**	n.s.	n.s.	n.s.
Umsatz 5. Jahr	n.s.	n.s.	.36*	n.s.	n.s.	n.s.

* Rangkorrelation ist auf dem Niveau von 0,05 signifikant (2-seitig).
** Rangkorrelation ist auf dem Niveau von 0,01 signifikant (2-seitig).

Bei der Analyse der Einflüsse auf die quantitativen Erfolgsmaße haben wir auf die Darstellung der von uns verwendeten Maße für erwirtschaftete Gewinne und die Anzahl der Vollzeitmitarbeiter verzichtet, da sich keine einzige signifikante Korrelation zu den Teammerkmalen nachweisen lässt.

Die Ergebnisse der Analyse der Erfolgswirkungen der Teammerkmale fallen überraschend aus. Einige von anderen empirischen Studien eindeutig nachgewiesenen Zusammenhänge zwischen den Merkmalen von Gründerteams und dem Unternehmenserfolg ergeben sich nicht für die von uns befragten Unternehmen.

Besonders die Größe der Gründerteams wird von verschiedenen empirischen Studien als ein Erfolgsfaktor ausgewiesen. Begründet wird diese Annahme mit dem positiven Effekt der höheren Kapazitäten und der Kombination von verschiedensten Fähigkeiten der Teammitglieder. In den uns vorliegenden Ergebnissen können wir aber keine Anhaltspunkte für einen Zusammenhang zwischen der Teamgröße auf den Unternehmenserfolg entdecken. Ein weiteres Argument das mit der Teamgröße genannt wird, sind die Effekte der Heterogenität der Teammitglieder. Für die Heterogenität des Branchenhintergrundes der Teammitglieder sind praktisch keine Zusammenhänge zum Unternehmenserfolg erkennbar. Dies gilt auch für die Heterogenität der Zusammenarbeitserfahrung der Teammitglieder.

Die Fluktuation, die wir als einen Misserfolgsfaktor angenommen haben weist nur mit dem qualitativen Erfolgsmaß Unternehmenserfolg einen schwachen negativen Zusammenhang auf. Allerdings entstehen aus dem Abgang eines Gründers jedoch keine existenzielle Bedrohungen. Dies zeigen die nicht signifikanten Beziehungen zu den anderen Erfolgsindikatoren.

Die meisten Zusammenhänge sind zwischen dem Umsatz und drei Teammerkmalen teilweise mit mittlerer Stärke nachweisbar. Besonders die Branchenerfahrung weist einen signifikanten Zusammenhang mit dem Umsatz bis in das fünfte Geschäftsjahr auf. Dies bedeutet, dass Teams ohne oder nur mit geringen Branchenkenntnissen ihre Defizite gegenüber Teams mit umfassenden langjährigen Branchenkenntnissen zumindest innerhalb der ersten fünf Geschäftsjahre nicht aufholen können. Ein schwacher Effekt liegt für die Heterogenität der Branchenerfahrung eines Gründerteams auf den Umsatz im zweiten und dritten Jahr vor. Teams mit heterogener Branchenerfahrung, d. h. heißt Teammitglieder mit einerseits langjähriger und andererseits keiner Branchenerfahrung, erzielen höhere Umsätze. Eisenhard und Schoonhoven[88] begründen diesen positiven Effekt mit Spannungen, die aus den unterschiedlichen Erfahrungshintergründen entstehen und in neuen Ideen und Vorgehensweisen resultieren. Die negativen Effekte der „Betriebsblindheit" und der „Unerfahrenheit" werden ausgeglichen durch das Spannungsfeld der Heterogenität. Wir können diese Argumentation nicht ganz ablehnen, aber der vorliegende Einfluss der Heterogenität ist viel schwächer ausgeprägt als in der genannten Studie. Viel wichtiger ist die Branchenerfahrung an sich. Dies bestätigen auch die Ergebnisse von Brüderl, Preisendörfer und Ziegler,[89] nach denen von den Gründermerkmalen die Branchenerfahrung die wichtigste für den Unternehmenserfolg ist.

Anhand der Analyse konnten wir zeigen, dass einige Teammerkmale einen Zusammenhang zu verschiedenen Aspekten des Unternehmenserfolgs aufweisen. Obwohl die meisten Einflüsse der Teammerkmale auf den Erfolg nur recht schwach ausgeprägt sind, können wir die Hypothese H1 nicht ablehnen.

---

88 Eisenhardt und Schoonhoven (1990)
89 Brüderl et al. (1998)

8.2 Erfolgseinfluss der Sozialen Interaktion

Die zentrale Frage der vorliegenden Analyse ist der Einfluss der Sozialen Interaktion in Gründerteams auf den Unternehmenserfolg. Diese Fragestellung ist durch Hypothese H2 erfasst und soll in mehreren Schritten überprüft werden. Mit Hilfe von Korrelationsanalysen wird zunächst überprüft, ob ein Zusammenhang zwischen den Komponenten der Sozialen Interaktion und den Dimensionen des Unternehmenserfolgs besteht.

Tabelle 27: Einfluss der Sozialen Interaktion auf den Unternehmenserfolg

Komponenten Unternehmenserfolg	Soziale Interaktion
Quantitative Maße	
Mitarbeiter 99	n.s.
Umsatz 99	n.s.
Gewinn 99	n.s.
Qualitative Maße	
Wirtschaftlicher Erfolg	n.s.
Kundenzufriedenheit	.40**
Wettbewerbsposition	.31**
Effizienz	.27**
Qual. Unternehmenserfolg	.33**

* Rangkorrelation ist auf dem Niveau von 0,05 signifikant (2-seitig).
** Rangkorrelation ist auf dem Niveau von 0,01 signifikant (2-seitig).

Die Ergebnisse fallen unterschiedlich aus. Generell ist für alle Unternehmen ein Zusammenhang zwischen der Qualität der Sozialen Interaktion in Gründerteams und dem Unternehmenserfolg nachweisbar. Dies zeigt die mittlere Korrelation (r = .33) zwischen der Sozialen Interaktion und dem Unternehmenserfolg an. Das einprozentige Signifikanzniveau sagt aus, dass dieser Zusammenhang mit einer Wahrscheinlichkeit von 99% für alle technologieorientierten Unternehmen besteht, die partnerschaftlich gegründet wurden.

Einen Zusammenhang in ähnlicher Stärke kann Högl (1998) zwischen der Qualität der Sozialen Interaktion in Innovationsteams und dem Projekterfolg nachweisen. Die hohe Ähnlichkeit der Ergebnisse kann als ein weiterer Test für die Gültigkeit der vorgenommenen Messung und der erzielten Ergebnisse angesehen werden. Aus dem nachgewiesenen mittelstarken Zusammenhang kann auch ein weiterer Aspekt abgeleitet werden. Dieses vorläufige Ergebnis besagt nämlich auch, dass der Erfolg junger Unternehmen von anderen weiteren Einflussfaktoren abhängt.

Einschränkend ist anzumerken, dass der nachgewiesene Zusammenhang nur für das qualitative Maß des Unternehmenserfolgs gilt. Zwischen den quantitativen Erfolgsmaßen und der Sozialen Interaktion sind keine Zusammenhänge nachweisbar. Auf die Probleme des Umsatzes, Gewinns und der Mitarbeiteranzahl als Erfolgsmaße haben wir bereits hingewiesen. Gerade in den beiden ersten Geschäftsjahren treten große Schwankungen bei diesen quantitativen Erfolgsgrößen auf. Um den Einfluss des Unternehmensalters zu kontrollieren, haben wir deshalb die Analysen jeweils separat für Unternehmen jünger als zwei Jahre und für Unternehmen bis zu sechs Jahren durchgeführt. Hinsichtlich der Zusammenhänge zu den quantitativen Erfolgsgrößen sind keine Änderungen festzustellen. Allerdings liegen die Korrelationen zwischen der Sozialen Interaktion und den qualitativen Erfolgsmaßen deutlich höher.

Den Ausgangspunkt dieses Kapitel bildet die Annahme, dass der Unternehmenserfolg technologieorientierter Unternehmen von der Qualität der Sozialen Interaktion im Gründerteam beeinflusst wird. Formal haben wir unsere Annahme in der Untersuchungshypothese H2 festgehalten. Vor dem Hintergrund der Ergebnisse können wir unsere Untersuchungshypothese als vorläufig bestätigt ansehen. Der Zusammenhang ist mit einer Irrtumswahrscheinlichkeit von einem Prozent signifikant und deshalb ohne Einschränkung auf junge technologieorientierte Unternehmen anwendbar. Die schwachen bis mittleren Zusammenhänge machen aber auch deutlich, dass die Soziale Interaktion zwar eine nachweisbare Bedeutung für den Unternehmenserfolg hat, aber als ein Erfolgsfaktor unter mehreren anzusehen ist.

Der schwache Erfolgseinfluss kann aber auch auf methodische Gründe zurückgeführt werden. Die Analyse weist ein hohes durchschnittliches Niveau der Sozialen Interaktion aus. Nur fünfzehn Prozent der befragten Unternehmen geben für die Qualität der Sozialen Interaktion einen Skalenwert von unter fünf an. Die hohen Werte unterstreichen, dass die Gründer im Team in der Regel gut harmonieren.

Dennoch ergibt sich aus den nachgewiesenen Einflüssen für die Forschung, dass die Soziale Interaktion als ein wichtiges Konzept zur Erklärung des Unternehmenserfolges von partnerschaftlich gegründeten Unternehmen angesehen werden muss. Für die Gründer selbst ist es wichtig frühzeitige und vorbeugende Maßnahmen zu treffen, um eine möglichst hohe Qualität der Sozialen Interaktionen zu erhalten.

8.3 Einfluss der Teammerkmale auf die Soziale Interaktion

In diesem Analyseschritt wollen wir die dritte Hypothese überprüfen, die einen Einfluss der Teammerkmale auf den Prozess der Sozialen Interaktion von Gründerteams beschreibt.

Tabelle 28: Einfluss der Teammerkmale auf die Sozialen Interaktion

	Soziale Interaktion
Teamgröße	-.21*
Fluktuation	n.s.
Branchenerfahrung	n.s.
Heterogenität Branchenerfahrung	n.s.
Zusammenarbeitserfahrung	n.s.
Heterogenität Zusammenarbeitserfahrung	n.s.
Alter des Teams	n.s.
Alter der Teammitglieder	n.s.

* Rangkorrelation ist auf dem Niveau von 0,05 signifikant (2-seitig).
** Rangkorrelation ist auf dem Niveau von 0,01 signifikant (2-seitig).

Das Ergebnis ist eindeutig. Nur die Teamgröße hat einen Einfluss auf die Soziale Interaktion. Der negative Korrelationskoeffizient besagt, dass mit zunehmender Größe die Qualität der Sozialen Interaktion abnimmt. Dieses Ergebnis entspricht auch unseren Annahmen, dass mit zunehmender Teamgröße die Wahrscheinlichkeit für Probleme in der Zusammenarbeit zunimmt. Dieses Ergebnis hat mehrere theoretische Implikationen. Zur Diskussion dieses Befundes greifen wir kurz auf unsere Analyse der Einflüsse der Gründerteammerkmale auf den Unternehmenserfolg (H1) zurück.

Entgegen den Ergebnissen von Brüderl et al. können wir keinen direkten Einfluss der Teamgröße auf den Unternehmenserfolg nachweisen. Weiterhin können Brüderl et al. einen positiven Einfluss der Teamgröße auf das Konfliktpotenzial nachweisen[90]. Dieses Ergebnis entspricht dem von uns nachge-

90 Brüderl et al. (1998), S.193

wiesenen positiven Einfluss der Sozialen Interaktion auf den Unternehmenserfolg, wenn wir Konflikte als ein negatives Maß der Sozialen Interaktion ansehen. Vor dem Hintergrund der geschilderten Zusammenhänge und Annahmen ergibt sich folgender Erklärungsansatz. Die Ebene der Teamprozesse, die in unserer Studie die Soziale Interaktion bildet, scheint der theoretisch und empirisch erklärbare Kausalzusammenhang für den Erfolgseinfluss der Teamgröße zu sein. Gerade für die Soziale Interaktion konnten wir einen eindeutigen Erfolgseinfluss nachweisen. Die Teamgröße wirkt über den Teamprozess indirekt negativ auf den Erfolg. Die positiven Einflüsse der Teamgröße werden dadurch z.T. aufgehoben. Wir gehen daher noch weiter und fordern in zukünftigen empirischen Untersuchungen multivariate kausalanalytische Analyseverfahren.

Hingegen haben alle anderen Teammerkmale keinen Einfluss auf die Qualität der Sozialen Interaktion. Weder die Erfahrung in der Zusammenarbeit noch die Branchenerfahrung oder die Fluktuation beeinflussen die Soziale Interaktion. Gerade bei der Fluktuation wäre ein starker negativer Zusammenhang offensichtlich. Es führen eher persönliche Gründe einzelner, wie Krankheit und weniger Probleme in der gemeinsamen Zusammenarbeit zu einer Trennung.

Insgesamt können wir, trotz der vielen nicht signifikanten Ergebnisse aufgrund des schwachen signifikanten Einflusses der Teamgröße die Hypothese H2 nicht völlig ablehnen.

8.4 Interaktionseinfluss unter dem moderierenden Einfluss von Teammerkmalen

Eine weitere Frage, die wir untersuchen wollen, ist, ob der nachgewiesene Erfolgseinfluss der Sozialen Interaktion unter dem Einfluss der Merkmale von Gründerteams variiert. Aufgrund der vorliegenden Ergebnisse können wir eine vierte Untersuchungshypothese formulieren, die diesen moderierenden Effekt der Teammerkmale auf den Erfolgseinfluss der Sozialen Interaktion beschreibt.

H 4: Die Merkmale von Gründerteams moderieren den Einfluss der Sozialen Interaktion auf den Unternehmenserfolg.

Zur Prüfung dieser Hypothese analysieren wir den Einfluss der beiden Teammerkmale Teamalter, da wir bereits oben signifikante Unterschiede zwischen jüngeren und älteren Teams bzw. Unternehmen zeigen konnten (vgl. Kapitel 7.2 und Kapitel 7.3), und den Einfluss der Teamgröße, für die wir einen direkten, negativen Einfluss auf die Soziale Interaktion nachweisen konnten (vgl. Tabelle 28). Zur Analyse werden die befragten Teams in zwei Gruppen eingeteilt, und die Korrelationen zwischen der Sozialen Interaktion und den Komponenten des Unternehmenserfolgs für jede Gruppe separat ermittelt. In der ersten Gruppe werden Teamgründungen mit einem Alter von bis zu zwei Jahren zusammengefasst, in der zweiten Gruppe 3–6 jährige Unternehmen. Bei dieser Einteilung fand die Tatsache Berücksichtigung, dass der Unternehmensumsatz besonders in den ersten beiden Geschäftsjahren stärkeren Schwankungen ausgesetzt ist und erst ab dem dritten Geschäftsjahre eine stabile Entwicklung beobachtet werden kann. Die unstetigen Entwicklungen in den ersten beiden Jahren stellen sicherlich andere Anforderungen an die Soziale Interaktion des Gründerteams als in den späteren Phasen stetiger Entwicklung.

Hinsichtlich der Teamgröße wurden Teams mit zwei Partnern und Teams mit mehr als zwei Partnern gebildet. Bei dieser Einteilung war die Überlegung relevant, dass sich mit zunehmender Teamgröße die Soziale Interaktion schwieriger gestaltet.

Tabelle 29: *Einfluss der Sozialen Interaktion auf den Unternehmenserfolg in Abhängigkeit des Teamalters*

Komponenten Unternehmenserfolg	Soziale Interaktion	
	3-6jährige Unternehmen (N = 121)	1-2jährige Unternehmen (N = 38)
Quantitative Maße		
Mitarbeiter 99	n.s.	n.s.
Umsatz 99	n.s.	n.s.
Gewinn 99	n.s.	n.s.
Qualitative Maße		
Wirtschaftlicher Erfolg	n.s.	n.s.
Kundenzufriedenheit	.33**	.61**
Wettbewerbsposition	.22*	.61**
Effizienz	.23*	.35*
Unternehmenserfolg	.27*	.51**

* Rangkorrelation ist auf dem Niveau von 0,05 signifikant (2-seitig).
** Rangkorrelation ist auf dem Niveau von 0,01 signifikant (2-seitig).

Die Unterschiede zwischen den beiden Gruppen sind deutlich. Obwohl die Fallzahlen variieren und für die bis zu zweijährigen Unternehmen gering sind, stellen sich überwiegend Korrelationen mit einer Irrtumswahrscheinlichkeit von weniger oder gleich einem Prozent ein. Dies gilt aber ausschließlich für die qualitativen Erfolgsmaße.

Bei jüngeren Unternehmen ist eindeutig ein stärkerer Erfolgseinfluss der Sozialen Interaktion auf den Unternehmenserfolg nachweisbar. Es scheint so, als ob die Gründer in der ersten Zeit den Unternehmenserfolg auch über die wahrgenommene Qualität der Sozialen Interaktion im Gründerteam beurteilen. Gerade in den ersten Geschäftsjahren fällt die Erfolgsbeurteilung anhand quantitativer Größen besonders schwer, da sich noch keine konstante Umsatzbasis eingestellt hat und die Gründer noch nicht auf Vergangenheitsdaten zurückgreifen können.

In diesen Fällen kann die empfundene Qualität der Sozialen Interaktion für die Erfolgsbeurteilung entscheidend sein, da sie als Einschätzung über den weiteren Verlauf der Zusammenarbeit angesehen werden kann und damit auch das Urteil über das Potenzial der Geschäftsentwicklung beinhaltet. Aus Sicht der Mitglieder des Teams wird einer schlechten Zusammenarbeit eine geringere Erfolgschance eingeräumt. Trifft diese Annahme zu, dann variieren nicht nur die Ausprägungen der Erfolgsmaße über den Zeitablauf, sondern auch die Erfolgsmaße selbst.

Tabelle 30: Einfluss der Sozialen Interaktion auf den Unternehmenserfolg in Abhängigkeit der Teamgröße

Komponenten Unternehmenserfolg	Soziale Interaktion	
	Teamgröße = 2 (N = 93)	Teamgröße > 2 (N = 66)
Quantitative Maße		
Mitarbeiter 99	n.s.	n.s.
Umsatz 99	n.s.	n.s.
Gewinn 99	.21*	n.s.
Qualitative Maße		
Wirtschaftlicher Erfolg	n.s.	n.s.
Kundenzufriedenheit	.42**	.34**
Wettbewerbsposition	.31**	.37**
Effizienz	.27**	.26*
Unternehmenserfolg	.35**	.33**

* Rangkorrelation ist auf dem Niveau von 0,05 signifikant (2-seitig).
** Rangkorrelation ist auf dem Niveau von 0,01 signifikant (2-seitig).

Im Vergleich der Korrelationen zwischen kleinen und großen Gründerteams fallen nur zwei Unterschiede auf. Bei kleinen Teams ist der Zusammenhang zwischen der Sozialen Interaktion und der Kundenzufriedenheit stärker als bei großen Teams. Gerade in den ersten Jahren wird ein intensiver Kontakt zu den Kunden gepflegt, so dass sich Schwierigkeiten in der Sozialen Interaktion auch auf die Kundenkontakte auswirken können. Hierfür sind gerade kleine Teams anfälliger, da sie diese Probleme nicht kompensieren können. Bei kleinen Teams wirken sich Schwierigkeiten in der Sozialen Interaktion auf den Gewinn aus. Auch für diesen Unterschied zu den großen Teams lässt sich das Argument der mangelnden Kompensation anführen.

8.5 Zusammenfassung

In diesem Kapitel haben wir die zentralen Hypothesen unserer Studie anhand unserer Befragungsergebnisse überprüft. Gegenüber anderen von uns analysierten empirischen Studien konnten wir einige wesentliche Unterschiede feststellen. Auch für die Gründer zeigen die Ergebnisse einige interessante Ansatzpunkte auf.

Aspekte für die Forschung

- Branchenerfahrung, Heterogenität der Branchenerfahrung und die Erfahrung in der Zusammenarbeit korrelieren mit den quantitativen Erfolgsgrößen. Die Fluktuation korreliert mit den qualitativen Erfolgsgrößen.
- Die Größe des Gründerteams hat keinen Einfluss auf den Unternehmenserfolg.
- Die Soziale Interaktion korreliert nur mit qualitativen Größen des Unternehmenserfolges.

- Die Fluktuation korreliert schwach negativ mit der Sozialen Interaktion.
- Die Korrelationen der Sozialen Interaktion mit dem Erfolg werden von dem Alter und der Größe der Gründerteams moderiert.

Aspekte für die Praxis

- Gründerteams, die über eine hohe Branchenerfahrung verfügen, erzielen bis ins sechste Geschäftsjahr signifikant höhere Umsätze.
- Fluktuation in Gründerteams wirkt sich nicht nachhaltig negativ auf den Unternehmenserfolg aus.
- Die Qualität der Sozialen Interaktion ist ein Erfolgsfaktor für Gründerteams.
- Gerade in den ersten beiden Geschäftsjahren ist die Soziale Interaktion für den Unternehmenserfolg besonders kritisch.

9 Instrument zur Bestimmung der Qualität der Sozialen Interaktion in Gründerteams

Die vorliegenden Ergebnisse unserer Umfrage verdeutlichen, dass die Soziale Interaktion in Gründerteams ein wichtiger Erfolgsfaktor für junge technologieorientierte Unternehmen ist. In diesem Kapitel wollen wir ihrer Bedeutung für den Unternehmenserfolg Rechnung tragen und ein Analysewerkzeug zur Bestimmung der Qualität der Sozialen Interaktion in Gründerteams ableiten, das sowohl für eine Selbst- als auch eine Fremdanalyse hilfreich sein soll. Anhand der ermittelten Werte für besonders erfolgreiche und eher erfolglose Unternehmen unserer Befragung sollen Gründerteams einen Benchmarktest durchführen können.

9.1 Entwicklung des Instruments

Die Entwicklung des Analyseinstruments soll auf dem theoretisch abgeleiteten und empirisch untersuchten Messkonzept zur Bestimmung der Qualität der Sozialen Interaktion in Gründerteams aufbauen. Um das Werkzeug überschaubar zu halten, wurden die sechs Komponenten des vorgestellten Messmodells vereinfacht. Die Ausprägung jeder Dimension wird anhand von drei Fragen (Items) bestimmt. Damit wird die Beantwortungszeit reduziert und eine eindeutige Gewichtung der Items bzw. der einzelnen Dimension ermöglicht.

Die dem Instrument zugrundegelegten Vergleichswerte wurden aus den vorliegenden Antworten der von uns befragten Unternehmen berechnet. Die Berechnungen basieren auf einem Gruppenvergleich. Die Teams wurden in drei Gruppen unterteilt: Teams mit einer sehr hohen Interaktionsqualität, Teams mit einer mittleren Interaktionsqualität und Teams mit einer geringen Interaktionsqualität. Die beiden Extremgruppen wurden miteinander anhand der Mittelwerte der Interaktionsqualität verglichen. Die Mittelwerte wurden so bestimmt, dass eine signifikante Mittelwertabweichung zwischen beiden Gruppen besteht.

Zur Selbstanalyse wurden Intervalle eingesetzt, die mit der Standardabweichung gebildet wurden. Diese Bereiche sind in den Instrumenten als Graubereiche dargestellt.

Um eine einfachere Berechnung für die Selbstanalyse zu ermöglichen, wurden die absoluten Werte der Ausprägungen der einzelnen Items verwendet; d.h. jede Skala einer Dimension der Sozialen Interaktion kann einen maximalen Wert von 21 erreichen. Der maximale Wert der Gesamtskala der Sozialen Interaktion liegt dementsprechend bei 126.

9.2 Auswertung

Der Gebrauch des Analysewerkzeugs erfolgt in zwei Schritten. Im ersten Analyseschritt werden die Fragen allen Mitgliedern des Gründerteams gestellt. Ihre Antworten werden anhand der Sieben-Punkte-Skalen auf dem Kontinuum von Ablehnung und Zustimmung ermittelt. Die Punktzahlen werden für jede der sechs Komponenten der Sozialen Interaktion getrennt bestimmt, indem die Werte der einzelnen Items zu einem Gesamtwert aufsummiert werden. Die Analyse kann getrennt nach den einzelnen Teammitgliedern erfolgen oder aber anhand der durchschnittlichen Werte des gesamten Teams.

	Kommunikation	Starke Ablehnung　Starke Zustimmung	Punkte
1.	Innerhalb unseres Gründerteams wird intensiv kommuniziert.	①-②-③-④-⑤-⑥-⑦	
2.	Ich bin mit der Rechtzeitigkeit der Informationsweitergabe voll zufrieden.	①-②-③-④-⑤-⑥-⑦	
3.	Ich bin mit der Genauigkeit der Informationen von anderen Teammitgliedern voll zufrieden.	①-②-③-④-⑤-⑥-⑦	
		1. Summe	

	Kohäsion	Starke Ablehnung　Starke Zustimmung	Punkte
4.	Das Gründerteam ist durch einen starken Zusammenhalt gekennzeichnet.	①-②-③-④-⑤-⑥-⑦	
5.	Ich bin stolz darauf, Teil des Gründerteams zu sein.	①-②-③-④-⑤-⑥-⑦	
6.	Das Gründerteam ist von seiner Leistungsfähigkeit überzeugt.	①-②-③-④-⑤-⑥-⑦	
		2. Summe	

	Arbeitsnormen	Starke Ablehnung　Starke Zustimmung	Punkte
7.	Alle Gründer tragen die Arbeitslasten des Gründerteams voll mit.	①-②-③-④-⑤-⑥-⑦	
8.	Jeder Gründer setzt sich voll für das Erreichen der Ziele des Gründerteams ein.	①-②-③-④-⑤-⑥-⑦	
9.	Alle Mitglieder des Gründerteams engagieren sich gleichermaßen für die gemeinsamen Ziele.	①-②-③-④-⑤-⑥-⑦	
		3. Summe	

Abbildung 11: *Instrument zur Bestimmung der Qualität der Sozialen Interaktion*

Gegenseitiges Unterstützen	Starke Ablehnung	Starke Zustimmung	Punkte
10. Diskussionen zwischen den Gründern werden stets konstruktiv geführt.	①-②-③-④-⑤-⑥-⑦		
11. Vorschläge und Beiträge der Gründer werden respektiert.	①-②-③-④-⑤-⑥-⑦		
12. Vorschläge und Beiträge der Gründer werden besprochen und weiterentwickelt.	①-②-③-④-⑤-⑥-⑦		
	4. Summe		

Koordination	Starke Ablehnung	Starke Zustimmung	Punkte
13. Die Bearbeitung von Aufgaben wird zwischen den Gründern eng abgestimmt.	①-②-③-④-⑤-⑥-⑦		
14. Im Gründerteam gibt es keine Doppelarbeiten.	①-②-③-④-⑤-⑥-⑦		
15. Im Gründerteam werden alle zusammenhängenden Aufgaben gut koordiniert.	①-②-③-④-⑤-⑥-⑦		
	5. Summe		

Konfliktbewältigung	Starke Ablehnung	Starke Zustimmung	Punkte
16. Meinungsverschiedenheiten zwischen den Gründern werden immer offen angesprochen.	①-②-③-④-⑤-⑥-⑦		
17. Bei Meinungsverschiedenheiten im Gründerteam können sich die Gründer einfach einigen.	①-②-③-④-⑤-⑥-⑦		
18. Meinungsverschiedenheiten zwischen den Gründern werden schnell gelöst.	①-②-③-④-⑤-⑥-⑦		
	6. Summe		

Gesamtsumme (1.–6.)	

Abbildung 11: Instrument zur Bestimmung der Qualität der Sozialen Interaktion (Fortsetzung)

Im zweiten Schritt sollen die im Gründerteam ermittelten Werte mit den Werten der von uns befragten 161 Unternehmen verglichen werden. Hierzu werden die ermittelten Summen der einzelnen Komponenten in die nachfolgende Graphik eingetragen.

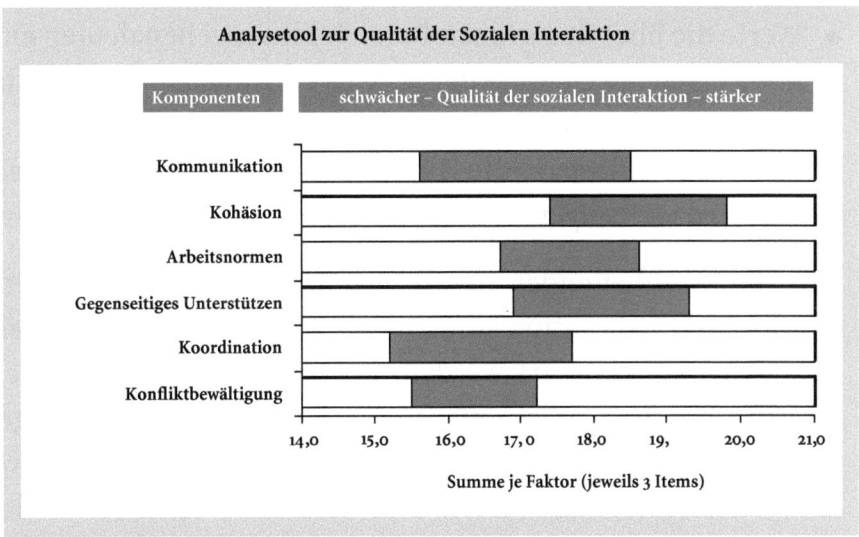

Abbildung 12: *Benchmarks der Komponenten der Sozialen Interaktion*

Die verwendete Skala für die Faktorsummen reicht theoretisch vom 3 bis 21, zur besseren Übersichtlichkeit wurden hier nur die Werte von 14 bis 21 abgetragen. Bei der Interpretation der erzielten Werte der Analyse bilden die blau gezeichneten Bereiche die Orientierungspunkte. Der untere Wertebereich links neben dem blauen Bereich auf der Punkteskala beschreibt die Werte von erfolglosen Unternehmen. Der obere Wertebereich rechts neben dem blauen Bereich auf der Punkteskala beschreibt die Werte von besonders erfolgreichen Unternehmen. Der farbige Bereich selbst beschreibt den Wertebereich von mäßig erfolgreichen Unternehmen.

- Erreicht eine Dimension Werte, die unterhalb d.h. links des farbigen Bereichs liegen, deutet dies akuten Handlungsbedarf bezüglich der Sozialen Interaktion im Team an.

- Liegt der Wert einer Dimension im farbigen Bereich, dann besteht ein Verbesserungspotenzial und je nach Lage zur Untergrenze ein akuter Handlungsbedarf.
- Werte die über den grauen Bereich hinausgehen deuten eine hohe erreichte Qualität der jeweiligen Dimension der Sozialen Interaktion an.
- Durch die differenzierte Analyse der einzelnen Komponenten wird ein zielgerichtetes Handeln der Teams ermöglicht.

Für ein abschließendes Gesamturteil der erreichten Qualität der Sozialen Interaktion können die Werte der einzelnen Komponenten aufsummiert werden. Bei dieser Analyse ist allerdings zu beachten, dass unterdurchschnittliche Ausprägungen einzelner Komponenten durch überdurchschnittliche Werte kompensiert werden können. Der Gesamtwert kann demnach nur als ein grobes Gesamturteil über die Qualität der Sozialen Interaktion im Gründerteam angesehen werden. Der ermittelte Gesamtwert wird analog zu den einzelnen Komponenten in folgende Graphik eingetragen.

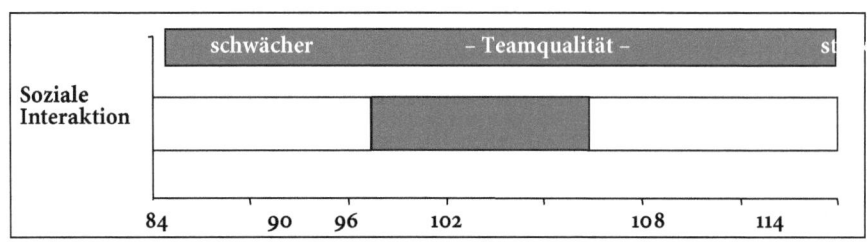

Abbildung 13: *Benchmarks der Sozialen Interaktion*

Bei Teams deren Gesamtwert deutlich unterhalb des farbigen Bereiches liegt, treten vermutlich Schwierigkeiten und Probleme bei der Zusammenarbeit im Gründerteam auf, womit wiederum ein Misserfolg der Unternehmensgründung wahrscheinlicher wird. Wird ein Gesamtwert oberhalb des farbigen

Bereiches erreicht, agiert das Team harmonisch und eine Gefährdung des Unternehmenserfolgs durch die Soziale Interaktion ist unwahrscheinlich.

9.3 Grenzen des Analysewerkzeuges und Maßnahmen

Es ist zu bedenken, dass der Unternehmenserfolg auch von anderen, in dieser Analyse nicht beachteten Faktoren abhängt. Die hohen Werte selbst erfolgloser Teams und der nur sehr enge Abstand zu den erfolgreichen Gründerteams verdeutlichen dies. Sie unterstützen auch unsere Beobachtung, dass sich die meisten Gründerteams auf familiäre oder freundschaftliche Beziehungen stützen. Des weiteren sollte beachtet werden, dass die Werte des vorgeschlagenen Werkzeuges nur auf den Ergebnissen der von uns durchgeführten Studie beruhen. Dementsprechend können wir mit den Benchmarks für die Dimensionen der Sozialen Interaktion Tendenzen aufzeigen, ohne jedoch Anspruch auf allgemeine Gültigkeit erheben zu wollen.

Das vorgestellte Analyseinstrument hilft dabei die Problembereiche der Sozialen Interaktion zu identifizieren. Damit sind zwar mögliche Probleme im Team noch nicht gelöst, aber sie können gezielt angesprochen werden. Die geringen Werte der Koordination zeigen, dass die Teams die meisten Schwierigkeiten bei der klaren Abgrenzung und Verteilung von Aufgaben haben. Bei der Neuartigkeit der auftretenden Aufgaben fällt dies sicherlich schwer. Das Problem lässt sich damit nur für wiederkehrende Aufgaben lösen, für die schon ausreichende Erfahrungen vorhanden sind. Durch regelmäßige und gezielte Besprechungen können diese Probleme beherrscht werden. Schwierigkeiten bei der Aufgabenkoordination können aber auch durch eine entsprechende Gestaltung von Arbeitsverträgen (Geschäftsführervertrag, Angestelltenvertrag) vorbeugend verhindert oder vermindert werden. Dies zwingt die Gründer bei der Vertragsgestaltung die Aufgabenbereiche schon eindeutig zu bestimmen.

Die vertragliche Gestaltung kann auch zur Schlichtung von Konflikten beitragen. Zwei Gründerinnen berichten, dass sie sich gegenseitig vertraglich verpflichtet haben, bei für sie unlösbaren Konflikten einen bestimmten Schlichter anzurufen. Auch das Ausscheiden von Gründern aus dem Team kommt immer wieder vor und sollte deshalb schon bei der Gestaltung der Gesellschafterverträge berücksichtigt werden.

10 Resümee und Ausblick

Den Ausgangspunkt der Studie bildet ein theoretisches und empirisches Defizit zum Untersuchungsobjekt der partnerschaftlichen Unternehmensgründung sowie ein gesteigertes Interesse von Kapitalgebern, die Erfolgsfaktoren von Unternehmensgründungen zu identifizieren und zu beeinflussen. Aus anderen wissenschaftlichen und praxisnahen Arbeiten geht hervor, dass Teamgründungen insbesondere in technologieorientierten Branchen eine wichtige Rolle spielen. Anhand der Darstellung einiger historischer Gründungsfälle konnte gezeigt werden, dass Gründerteams keine Modeerscheinung der letzten Jahre sind. Im Gegenteil – Gründerteams traten schon zu Beginn der Industrialisierung auf und vermutlich lassen sich Gründerpartnerschaften in noch früheren Epochen ausmachen.

Die Vorteile von partnerschaftlichen Unternehmensgründungen können unterteilt werden in sozio-psychologische Vorteile (z.B. Anerkennung, gegenseitige Unterstützung, Sicherheit), kapazitative Vorteile (z.B. bezüglich Personal, Führungskräfte, Netzwerke, finanzielles Risiko) sowie Fähigkeits- und Wissensvorteile (z.B. durch komplementäre methodische und fachliche Kompetenzen, Berufserfahrung). Neben den Vorteilen können sich aber auf der Ebene der Zusammenarbeit aufgrund der Dynamik von Gruppenprozessen auch Nachteile ergeben (z.B. lange Entscheidungsprozesse, Abstimmungsprobleme, persönliche Konflikte). Die Qualität der Sozialen Interaktion wird damit zur zentralen Variable, um die Risiken und Chancen für den Unternehmenserfolg partnerschaftlicher

Gründungen zu erklären. Einige empirische Untersuchungen bieten begründete Anhaltspunkte für die vermutete Erfolgswirkung.

Im Rahmen der mit Unterstützung der Deutschen Ausgleichsbank realisierten Untersuchung führten wir in 159 technologieorientierten Unternehmen Befragungen mit jeweils zwei Unternehmensgründern durch. Von diesen Firmen entstammen 102 (66%) dem Bereich Informationstechnologie/Software, 36 (23%) sind Industrieunternehmen (z.B. Maschinenbau, Elektrotechnik, Chemie) und 17 (11%) der Firmen aus dem Bereich Informationstechnologie/Hardware. Der größte Teil der betrachteten Unternehmen hat die GmbH (84,4%) als Rechtsform gewählt, 10,6% sind Gesellschaften des bürgerlichen Rechts (GbR), 3,1% Aktiengesellschaften, 1,3% GmbH & Co. KGs und 0,6% Einzelpersonengesellschaften. Im Durchschnitt waren die Unternehmen 3 ½ Jahre alt.

In der Mehrzahl handelt es sich in unserer Stichprobe um kleine Unternehmen. Durchschnittlich beschäftigten die befragten Firmen im Jahre 1999 neun Mitarbeiter, bei einem Umsatz von DM 3,1 Mio. Allerdings fallen die großen Unterschiede zwischen den befragten Unternehmen auf. Im Minimum beschäftigen einige Unternehmen außer den Gründern keine Vollzeitmitarbeiter und im Maximum beschäftigt ein Unternehmen 190 Vollzeitmitarbeiter. Der Beschäftigungseffekt, den die befragten jungen und überwiegend kleinen Unternehmen erzielen, ist beachtlich. Im Jahr 1999 beschäftigten die 159 Unternehmen insgesamt 1.404 Vollzeitmitarbeiter. Zählt man die Gründer noch hinzu, waren in den Unternehmen 1.826 Vollzeitarbeitskräfte beschäftigt.

Über die Hälfte (58,5%) der befragten Unternehmen wurde von zwei Partnern, 27% von drei Partnern und 14,5% von mehr als drei Partnern gegründet. Der Frauenanteil unter den Gründern liegt bei 7%. Ein reines Frauenteam kommt in der Stichprobe nicht vor.

10.1 Soziale Interaktion und Erfolg von Gründerteams

Die vorliegende Studie beschäftigt sich mit den Merkmalen und der Sozialen Interaktion von Gründerteams und deren Bedeutung für den Erfolg partnerschaftlicher Unternehmensgründungen. Unter den Merkmalen von Gründerteams (s. Kapitel 4.2) wurden im Rahmen der Untersuchung die Aspekte Teamgröße, Fluktuation, Branchenerfahrung, Heterogenität bezüglich der Branchenerfahrung, Zusammenarbeitserfahrung und Heterogenität bezüglich der Zusammenarbeitserfahrung untersucht. Die Soziale Interaktion (s. Kapitel 4.3) wurde mit Hilfe der Dimensionen Kommunikation, Kohäsion, Normen, Gegenseitige Unterstützung, Koordination und Konfliktbewältigung untersucht. Für die Erfolgsmessung (s. Kapitel 4.4) wurden qualitative (wirtschaftlicher Erfolg, Kundenzufriedenheit, Wettbewerbsposition, Effizienz) und quantitative Maße (Wachstum bzgl. Mitarbeiteranzahl, Umsatz und Gewinn) verwendet.

Bisher betrachtet keine der vorliegenden Untersuchungen die Qualität der Sozialen Interaktion in Gründerteams und ihre Wirkung auf den Unternehmenserfolg systematisch. Daher haben wir zur theoretischen Fundierung auf die Forschungsergebnisse von Topmanagementteams und Innovationsteams zurückgegriffen. Diese beiden Bereiche zeichnen sich durch eine hohe Nähe zu Gründerteams aus und erlauben einen Theorietransfer auf unseren Untersuchungsgegenstand. Mit der Adaption und Modifikation eines bewährten Messkonzeptes zur Bestimmung der Qualität der Zusammenarbeit in Innovationsteams haben wir im nächsten Schritt unsere empirisch gestützte Hypothesenprüfung vorgenommen.

10.2 Zentrale Ergebnisse

Bei der Überprüfung der Hypothese 1 (Teammerkmale →Erfolg, s. Tabelle 26) zeigt sich, dass das Teammerkmal ‚Fluktuation‘ einen negativen Zusammenhang mit der qualitativen Beurteilung des Unternehmenserfolges aufweist und die ‚Branchenerfahrung‘ positiv mit der quantitativen Beurteilung des Erfolges zusammenhängt. Weiterhin gibt es tendenziell positive Zusammenhänge zwischen der Umsatzentwicklung und ‚Branchenheterogenität‘ der Gründer sowie der ‚Zusammenarbeitserfahrung‘. Die Überprüfung der Hypothese 2 (Soziale Interaktion →Erfolg, s. Tabelle 27) ergibt unterschiedliche Ergebnisse für die quantitative und qualitative Beurteilung des Unternehmenserfolges. Die Beurteilung der ‚Kundenzufriedenheit‘, der ‚Wettbewerbsposition‘ und der ‚Effizienz‘ korreliert hoch signifikant mit der Sozialen Interaktion der Unternehmensgründer. Zwischen der Sozialen Interaktion und den quantitativen Erfolgsmaßen bestehen in der von uns analysierten Stichprobe von 159 Unternehmen allerdings keine signifikanten Zusammenhänge. Dies mag insbesondere mit dem Alter der befragten Unternehmen zusammenhängen, die sich oft noch in der Aufbauphase befanden und somit noch kein starkes Wachstum bezüglich der von uns verwendeten Kennziffern aufweisen. Unsere zweite Untersuchungshypothese kann im Hinblick auf den qualitativ gemessenen Unternehmenserfolg unterstützt werden. Zudem sind die hohe Validität und Reliabilität der entwickelten Messskala für die Soziale Interaktion interessant. Das Konzept der Sozialen Interaktion gewinnt damit einen besonderen Stellenwert in der Gründungsforschung. Eine präzisere Erklärung der Einflüsse auf den Erfolg von partnerschaftlich gegründeten Unternehmen ist damit möglich. Die Überprüfung der Hypothese 3 (Teammerkmale →Soziale Interaktion, s. Tabelle 28) ergab lediglich einen signifikanten negativen Zusammenhang zwischen der 'Teamgröße' und der Sozialen Interaktion.

10.3 Implikationen für die Praxis

Die vorliegende Untersuchung erlaubt die Ableitung einiger Handlungsempfehlungen für die Praxis, d.h. sowohl für die Unternehmensgründer selbst als auch für Kapitalgeber und die unterschiedlichen privaten und öffentlich-rechtlichen Einrichtungen zur Förderung von Unternehmens- bzw. Existenzgründungen. Aus der Analyse verschiedener empirischer Studien geht hervor, dass Teamgründungen erfolgreicher sind als Einzelgründer. Für die Konzeption von Förderprogrammen ergibt sich daraus die Konsequenz, Gründerteams in die engere Wahl zu ziehen, worauf schon viele Risikokapitalgeber bei ihren Engagements achten.

Eine Frage stellt sich für Gründer und Berater gleichermaßen: Wie sind nun diese Teams zu besetzen? Anhand der Daten von 159 jungen technologieorientierten Unternehmen können wir Aussagen zur Besetzung und ihrer Konsequenzen für den Unternehmenserfolg ableiten. Bei den von uns untersuchten Merkmalen der Gründerteams, Teamgröße, Fluktuation, Branchenerfahrung, Heterogenität, Erfahrung bezüglich der Zusammenarbeit in Teams ergibt sich ein uneinheitliches Bild. Das Merkmal „Branchenerfahrung" der Gründer scheint jedoch eine besondere Relevanz für die Entwicklung einer Unternehmensgründung zu haben. Selbst nach sechs Geschäftsjahren erzielen Gründerteams mit größerer Branchenerfahrung signifikant höhere Umsätze als Teamgründungen mit geringerer Erfahrung. Bei der Besetzung eines Gründerteams ist demnach auf dieses Merkmal besonders dann zu achten, wenn es sich um eine Gründung in bereits etablierten Industriebereichen handelt.

Zum anderen zeigen wir, dass die meisten Gründer sich schon vor der Gründung mehrere Jahre kannten. Die Qualität des Zusammenwirkens der Gründer im Team, die wir als Soziale Interaktion bezeichnet haben, wirkt sich nachweislich auf den Erfolg aus. Damit gewinnt der Bekanntheitsgrad der Gründer vor der Gründung eine höhere Bedeutung, denn er wirkt sich zunächst auf die Soziale Interaktion positiv aus. Erfolgt die Besetzung von Gründerteams rein nach den persönlichen Merkmalen der Gründer und sind sich diese unbekannt, dann besteht ein erhöhtes Risiko für die Teamarbeit und in der Folge für den Unternehmenserfolg.

Die Phase der Unternehmensgründung spielt eine besondere Rolle, da gerade in den ersten beiden Geschäftsjahren die Soziale Interaktion im Gründerteam für den Unternehmenserfolg als besonders kritisch anzusehen ist. Zur Überprüfung der Sozialen Interaktion im Gründerteam haben wir ein Analysewerkzeug aus dem uns vorliegenden Datenmaterial abgeleitet. Der Einsatz des Werkzeugs kann sowohl von Seiten der Gründer selbst als auch von externen Gruppen erfolgen. Wichtig ist, dass alle Gründer unabhängig voneinander befragt werden. Das vorgelegte Instrument mag dazu dienen, die Qualität der Sozialen Interaktion des Gründerteams auch im Controllingprozess externer Kapitalgeber zu untersuchen.

10.4 Implikationen für die Forschung

Der nachgewiesene moderierende Effekt der Merkmale von Gründerteams auf die Beziehung der Sozialen Interaktion zum Unternehmenserfolg in unserer Analyse unterstreicht die Notwendigkeit von multivariaten kausalanalytischen Analysen. Als Konsequenz aus den Ergebnissen sind die vorgeschlagenen Bezugsrahmen zur Erklärung des Gründungs- und Unternehmenserfolgs bspw. von Slevin und Covin (1995, S.181), Cooper und Daily (1996, S.130) oder Ensley (1997, S.155) um das Konzept der Sozialen Interaktion zu ergänzen und die postulierten kausalen Beziehungen der Konstrukte neu zu definieren.

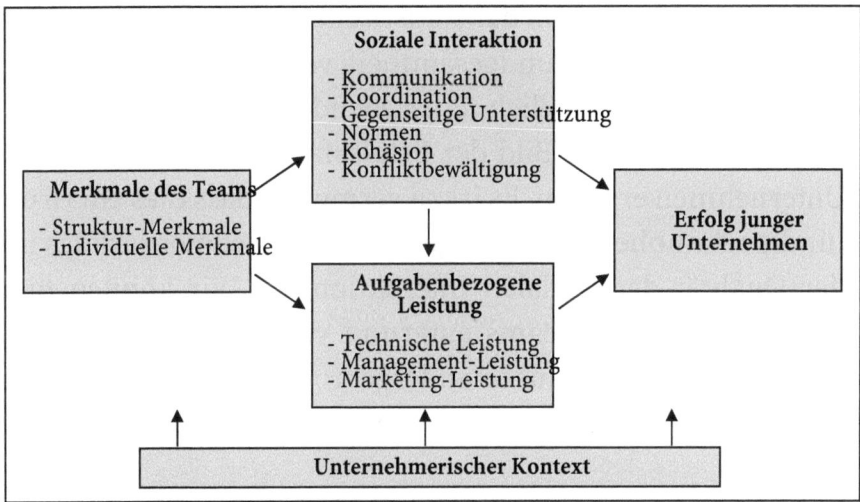

Abbildung 14: *Erweiterter Bezugsrahmen der Erfolgsfaktoren von Gründerteams*

In der vorliegenden Studie haben wir uns insbesondere mit der Frage beschäftigt, wie Gründerteams zusammenarbeiten sollten. In einer weitergehenden Untersuchung, erscheint es uns sinnvoll auch die aufgabenbezogene Leistung des Teams bezüglich Management, Marketing und Technologie zu betrachten. Der dargestellte erweiterte Bezugsrahmen soll als Vorschlag für das Design künftiger Studien von Teamgründungen dienen, bei denen sowohl die Soziale Interaktion als auch die inhaltlichen Aspekte der Gründertätigkeit Berücksichtigung finden.

10.5 Kritische Würdigung – Grenzen der Untersuchung

Im Rahmen der vorliegenden Untersuchung wurden ausschließlich Gründer überlebender, d.h. noch existierender Unternehmen befragt. Dies kann zu einem methodischen Problem führen, das als „Survivor-Bias" bezeichnet wird, und mit nicht geringen Verzerrungen der statistischen Ergebnisse gegenüber der tatsächlichen Grundgesamtheit verbunden ist[91]. Mit der Befragung ausschließlich überlebender Unternehmen kann sich ein zu positives Bild der Erfolgsfaktoren neugegründeter Unternehmen ergeben. Es ist zu vermuten, dass dies ein Grund für die sehr hohen Bewertungen des Unternehmenserfolgs und der Qualität der Sozialen Interaktion ist. Wir können nicht ausschließen, dass Teams aufgrund von Schwierigkeiten der Sozialen Interaktion auseinandergebrochen sind, und in diesen Fällen die Soziale Interaktion deutlich schwächer ausgeprägt ist.

Eine zweite Schwierigkeit, die mit unserer Stichprobe zusammenhängt, ergibt sich aus dem hohen Anteil von Teams mit nur zwei Gründern. Aus der Analyse der Zusammenhänge zwischen den Teammerkmalen wissen wir, dass mit zunehmender Teamgröße das Niveau der Qualität der Sozialen Interaktion sinkt.

---

91 Brüderl et al. (1998), S. 17

Weiterhin kannten sich die meisten Teammitglieder schon vor der Gründung. Dies mag dazu führen, dass geringe Abweichungen beim Unternehmenserfolg mit nur sehr geringen Abweichungen in der Sozialen Interaktion erklärt werden müssen. Aber die Skaleneigenschaften und die Zusammenhänge zwischen den gebildeten Konstrukten hängen stark von der Variabilität in der Grundgesamtheit ab. Die von uns betrachtete Stichprobe von 159 jungen, technologieorientierten Unternehmen ist gekennzeichnet durch

a) kleine Gründerteams,
b) Teams deren Mitglieder eigenständig zusammengefunden haben, und
c) Teammitglieder, die sich vorher gut kannten und einander vertrauten.

Diese Merkmale reduzieren möglicherweise die Variabilität, insbesondere in der Wahrnehmung der Sozialen Interaktion. Vor dem Hintergrund dieser Randbedingungen kann vermutet werden, dass

a) große Teams,
b) heterogene Teams und
c) auf Einfluss von Dritten (z.B. Venture Capitalists) gebildete Teams,

durch weniger starken Zusammenhalt gekennzeichnet sind, und die Variabilität und damit die nachweisbaren Zusammenhänge zwischen den Konstrukten zunehmen.

Eine offene Frage, die sich aus unserer Analyse der Gründerteams ergibt, ist die Teambesetzung. In vielen empirischen Studien werden die Vorteile von Gründerteams anhand höherer Erfolgsraten als die der Einzelgründungen deutlich. Die Argumente für die Vorteile von Teams sind vielfältig und stützen sich im wesentlichen auf die Kapazitätseffekte und die Kombination verschiedener Merkmale und Kompetenzen der Gründer. Anhand der vorliegenden Ergebnisse können wir zeigen, dass Gründerteams aufgrund bestehender sozialer Kontakte zusammenfinden. Die Kombination unterschiedlicher Merkmale und Kompetenzen träte demzufolge als Kriterium für die Bildung eines Teams eher in den Hintergrund. Kapitalgeber und Förderer von Unternehmensgründungen stehen vor der Herausforderung, auf die Zusammensetzung von Gründerteams so Einfluss zu nehmen, dass sowohl die sozialen Interessen der Gründer als auch ihre fachlichen und methodischen Kompetenzen sowie Berufserfahrung Berücksichtigung finden.

11 Literaturverzeichnis

Albach, Horst/Hunsdiek, Detlef (1987): Die Bedeutung von Unternehmensgründungen für die Anpassung der Wirtschaft an veränderte Rahmenbedingungen. In: Zeitschrift für Betriebswirtschaft, 57. Jg., S. 562–579.

Ancona, Deborah G./Caldwell, David F. (1990): Beyond Boundary Spanning: Managing external dependence in product development teams. In: The Journal of High Technology Management Research, Vol. 1, No. 2, S. 119–135.

Antoni, Conny/Hofmann, Karsten/Bungard, Walter (1996): Gruppenarbeit. In: Neue Organisationsformen in Unternehmen: Ein Handbuch für das moderne Management, hrsg. v. Hans-Jörg Bullinger und Hans-Jürgen Warnecke, Berlin, S. 489–498.

Bantel, Karen A. (1998): Technology-based, adolescent firm configurations: strategy identification, context, and performance. In: Journal of Business Venturing, Vol. 13, No. 3, S. 205–230.

Barth, Stephanie (1995): Existenzgründer in den neuen Bundesländern. Wiesbaden.

Bartölke, Klaus (1992): Teilautonome Arbeitsgruppen. In: Handwörterbuch der Organisation, hrsg. v. Erich Frese, Stuttgart, Sp. 2384–2399.

Becker, Gary S. (1985): Human Capital. 2. Aufl., Chicago.

Bird, Barbara J. (1989): Entrepreneurial Behavior. Glenview, IL.

Brokaw, Leslie (1993): The Truth about Start-Ups. In: INC – Magazine for Growing Companies, Vol. 15, No. 3, S. 56–64.

Brüderl, Josef/Preisendörfer, Peter/Ziegler, Rolf (1998): Der Erfolg neugegründeter Betriebe. 2. Aufl., Berlin.

Bygrave, William D./Hofer, Charles W. (1991): Theorizing about entrepreneurship. In: Entrepreneurship, Theory and Practice, Vol. 16, No. 2, S. 13–22.

Chandler, G. N./Baucus, D. A. (1996): Gauging Performance in Emerging Businesses: Longitudinal Evidence and Growth Pattern Analysis.

Clark, Kim B./ Fujimoto, Takahiro (1991): Product Development Performance. Boston, MA.

Cohen, Susan G./Bailey, Diane E. (1997): What Makes Teams Work: Group Effectiveness Research from the Shop Floor to the Executive Suite. In: Journal of Management, Vol. 23, No. 3, S. 239–290.

Cooney, Thomas M./Bygrave, William D. (1997): The evolution of structure and strategy in fast-growth firms founded by entrepreneurial teams. (Working Paper, Center for Entrepreneurial Studies, Babson College, Babson Park, MA).

Cooper, Arnold C./Bruno, Albert V. (1977): Success among high-technology firms. In: Business Horizons, Vol. 20, No. 2, S. 16–22.

Cooper, Arnold C./Daily, Catherine M. (1996): Entrepreneurial Teams (Working Paper, Institute for Research in the Behavioral, Economic, and Management Sciences, Krannert Graduate School of Management, Purdue University, West Lafayette, IN).

Cooper, Arnold C./Gimeno Gascón, F. Javier (1992): Entrepreneurs, Processes of Founding, and New Firm Performance. In: The State of the Art of Entrepreneurship, hrsg. v. Donald L. Sexton und John D. Kasarola, S. 301–340.

Cooper, Robert G. (1993): Winning at New Products: Accelerating the Process from Idea to Launch. 2. Aufl., Reading, MA.

Doutriaux, Jerome (1992): Emerging High-Tech Firms: How Durable Are Their Comparative Start-Up Advantages? In: Journal of Business Venturing, Vol. 7, No. 4, S. 303–322.

Dreier, Christina (2001): Gründerteams – Einflussverteilung – Soziale Interaktion – Unternehmenserfolg.

Eisenhardt, Kathleen M./Schoonhoven, Claudia B. (1990): Organizational Growth: Linking Founding Team, Strategy, Environment, and Growth among U.S. Semiconductor Ventures, 1978–1988. In: Administrative Science Quarterly, Vol. 35, S. 504–529.

Ensley, Michael Dean (1997): The Effect of Entrepreneurial Team Skill Heterogeneity and Conflict on New Venture Strategic Orientation and Performance: A Study of the INC. 500. Dissertation Submitted to the Faculty of Mississippi State University, Mississippi State, MS.

Falkenhagen, E. (1989): Gründungsinfrastruktur. In: Partnerschaftsgründungen. Entwicklung und Ergebnisse einer empirischen Untersuchung, unveröffentlichtes Manuskript, hrsg. v. Detlef Müller-Böling, Dortmund, S. 13–26.

Feldenkirchen, Wilfried (1997): 150 Jahre Siemens. Das Unternehmen von 1847 bis 1997. München.

Gartner, William B. (1985): A Conceptual Framework for Describing the Phenomenon of New Venture Creation. In: Academy of Management Review, Vol. 10, S. 696–706.

Gladstein, Deborah L. (1984): Groups in Context: A Model of Task Group Effectiveness. In: Administrative Science Quarterly, Vol. 29, 499 – 517.

Goodman, Paul S./Ravlin, Elizabeth/Schminke, Marshall (1987): Understanding Groups in Organizations. In: Research in Organizational Behavior, Vol. 9, S. 121–173.

Guzzo, Richard A./Shea, Gregory P. (1992): Group Performance and Intergroup Relations in Organizations. In: Handbook of Industrial and Organizational Psychology, hrsg. v. Marvin D. Dunnette und Leaetta M. Hough, Palo Alto, CA, S. 269–313.

Hackman, J. Richard (1987): The Design of Work Teams. In: Handbook of Organizational Behavior, hrsg. v. Jay W. Lorsch, Englewood Cliffs, NJ, S. 315–342.

Harvey, S./Harrison, R. T. (1992): Stimulating Entrepreneurship: Mechanisms for new Venture Creation. In: Frontiers of Entrepreneurship Research 1992 – Proceedings of the 1992 Babson College Entrepreneurship Research Conference, hrsg. v. Neil C. Churchill, Sue Birley, William D. Bygrave, Daniel E. Muzyka, Clas Wahlbin, William E. Wetzel, Wellesley, MA.

Helfert, Gabriele (1998): Teams im Relationship Marketing – Design effektiver Kundenbeziehungsteams. Wiesbaden.

Högl, Martin (1998): Teamarbeit in innovativen Projekten – Einflußgrößen und Wirkungen. Wiesbaden.

Högl, Martin/Gemünden, Hans Georg (1999): Determinanten und Wirkungen der Teamarbeit in innovativen Projekten: Eine theoretische und empirische Analyse. In: Zeitschrift für Betriebswirtschaft. 69 Jg., Ergänzungsheft 2, S. 35–61.

Holt, David H. (1992): Entrepreneurship. Englewood Cliffs, NJ.

Janis, Irving L. (1982): Groupthink. 2. Aufl., Boston, MA.

Janis, Irving L./Mann, Leon (1977): Decision making: A psychological analysis of conflict, choice and commitment. New York, NY.

Johne, Axel/Snelson, Patricia (1990): Successful Product Development: Lessons from American and British Firms. Oxford, UK.

Kamm, Judith B./Aldrich, Howard E. (1993): Entrepreneurial Teams' Use of Social Networks in Northern Ireland and Sweden. (Working Paper, Graduate Center, Bentley College, Waltham, MA/Sociology Department, University of North Carolina, Chapel Hill, NC).

Kamm, Judith B./Nurick, Aaron J. (1993): The Stages of Team Venture Formation: A Decision Making Model. In: Entrepreneurship, Theory and Practice, Vol. 17, No. 2, S. 17–27.

Kamm, Judith B./Shuman, Jeffrey C./Seeger, John A./Nurick, Aaron J. (1990): Entrepreneurial Teams in New Venture Creation: A Research Agenda. In: Entrepreneurship, Theory and Practice, Vol. 14, No. 4, S. 7–17.

Katz, Ralph (1982): The Effects of Group Longevity on Project Communication and Performance. In: Administrative Science Quarterly, Vol. 27, S. 81–104.

Klandt, Heinz (1984): Aktivität und Erfolg des Unternehmungsgründers – Eine empirische Analyse unter Einbeziehung des mikrosozialen Umfeldes. Bergisch Gladbach.

Klandt, Heinz/Münch, Gerhard (1990): Gründungsforschung im deutschsprachigen Raum – Ergebnisse einer empirischen Untersuchung. In: Entrepreneurship – Innovative Unternehmensgründung als Aufgabe, hrsg. v. Norbert Szyperski und Paul Roth, Stuttgart, S. 171–186.

Kuipers, Michael (1990): Erfolgsfaktoren der Unternehmensgründung. St. Gallen.

Kulicke, Marianne (1987): Technologieorientierte Unternehmen in der Bundesrepublik Deutschland: Eine empirische Untersuchung der Strukturbildungs- und Wachstumsphase von Neugründungen. Frankfurt.

Latané, Bibb/Williams, Kipling/Harkins, Stephen (1979): Many hands make light the work: The causes and consequences of social loafing. In: Journal of Personality and Social Psychology, Vol. 37, No. 6, S. 822–832.

Lechler, Thomas (1997): Erfolgsfaktoren des Projektmanagements. Frankfurt/Main u. a.

Levine, John M./Moreland, Richard L. (1990): Progress in Small Group Research. In: Annual Review of Psychology, Vol. 41, S. 585–634.

Manes, Stephen/Andrews, Paul (1993): Gates – Wie der Microsoft-Chef die PC-Industrie revolutionierte und zum reichsten Mann Amerikas wurde. Bonn.

McGrath, Joseph E. (1964): Social Psychology: A brief introduction. New York, NY.

Meyer, M. (1989): Entscheidungsobjekte als unabhängige Variable. In: Partnerschaftsgründungen. Entwicklung und Ergebnisse einer empirischen Untersuchung, unveröffentlichtes Manuskript, hrsg. v. Detlef Müller-Böling, Dortmund, S. 152–164.

Mohrman, Susan Albers/Cohen, Susan G./Mohrman, Allen M. (1995): Designing team-based Organizations: New Forms for Knowledge Work. San Francisco, CA.

Mullen, Brian/Copper, Carolyn (1994): The Relationship Between Group Cohesiveness and Performance: An Integration. In: Psychological Bulletin, Vol. 115, No. 2, S. 210–227.

Müller-Böling, Detlef (1990): Partnerschaftsgründungen – Problemaufriß eines unentdeckten Forschungsfeldes. In: Kooperatives Management: Bestandsaufnahmen, Konflikte, Modelle, Zukunftsperspektiven, hrsg. v. Arbeitskreis für Kooperation und Partizipation e.V., Baden-Baden, S. 189–206.

Müller-Böling, Detlef/Klandt, Heinz (1989): Bezugsrahmen für die Gründungsforschung mit einigen empirischen Ergebnissen. In: Entrepreneurship – Innovative Unternehmensgründung als Aufgabe, hrsg. v. Norbert Szyperski und Paul Roth, Stuttgart, S. 143–170.

Neumann, U. (1989): Person und Partner. In: Partnerschaftsgründungen. Entwicklung und Ergebnisse einer empirischen Untersuchung, unveröffentlichtes Manuskript, hrsg. v. Detlef Müller-Böling, Dortmund, S. 26–39.

Packard, David (1995): The HP Way: How Bill Hewlett and I Built Our Company. New York, NY.

Picot, Arnold/Laub, Ulf-Dieter/Schneider, Dietram (1989): Innovative Unternehmensgründungen: Eine betriebswirtschaftliche Analyse. Berlin u.a.

Pinto, Mary Beth/Pinto, Jeffrey K./Prescott, John E. (1993): Antecedents and Consequences of Project Team Cross-functional Cooperation. In: Management Science, Vol. 39, S. 1281–1297.

Pinto, Mary Beth/Pinto, Jeffrey K. (1990): Project Team Communication and Cross-Functional Cooperation in New Program Development. In: Journal of Product Innovation Management, Vol. 7, S. 200–212.

Pleschak, Franz/Werner, Henning (1999): Junge Technologieunternehmen in den neuen Bundesländern. Abschlußbericht für das Bundesministerium für Bildung, Wissenschaft, Forschung und Technologie, Fraunhofer-Institut für Systemtechnik und Innovationsforschung, Stuttgart.

Reich, Robert B. (1999): Entrepreneurship Reconsidered: The Team as Hero. In: The Entrepreneurial Venture, 2. Aufl., hrsg. v. William A. Sahlman, Howard H. Stevenson, Michael J. Roberts und Amar Bhidé, Boston, MA, S. 23–35.

Reynolds, Paul D. (1993): High Performance Entrepreneurship: What makes it different? Frontiers of Entrepreneurship Research 1993 – Proceedings of the 1993 Babson College Entrepreneurship Research Conference, hrsg. v. Neil C. Churchill, Sue Birley, Jerome Doutriaux, Elizabeth J. Gatewood, Frank S. Hoy, William E. Wetzel, Wellesley, MA.

Reynolds, Paul D. (1994): What We Don't Know May Hurt Us? In: INC Magazine For Growing Companies, Vol. 16, No. 9, S. 25–26.

Rich, Stanley R./Gumpert, David (1985): Business Plans That Win $$. New York, NY.

Roberts, Edward B. (1991): Entrepreneurs in High Technology: Lessons from MIT and Beyond, New York, NY.

Schiller, Rüdiger (1994): Unternehmerische Partnerschaften – Erkenntnisse aus der öffentlichen Förderung. In: Unternehmerische Partnerschaften, hrsg. v. Detlef Müller-Böling und Klaus Nathusius, Stuttgart, S. 179–192.

Schreier, Anna Elisabeth/Wex, Manuela (1990): Chronik der Hoechst Aktiengesellschaft 1863–1988. Frankfurt am Main.

Shea, Gregory/Guzzo, Richard A. (1987): Group Effectiveness: What really matters? In: Sloan Management Review, Vol. 28, No. 3 (Spring), S. 25–31.

Silver, Aaron D. (1983): The Entrepreneurial Life. New York, NY.

Simsa, Paul (1987): Daimler & Benz – Die Automobil-Pioniere, In: Die Person hinter dem Produkt. 40 Portraits erfolgreicher Unternehmer, hrsg. v. Hans D. Barbier und Fides Krause-Brewer, Bad Godesberg, S. 20–31.

Slevin, Dennis P./Covin, Jeffrey, G. (1995): Entrepreneurship as Firm Behavior: A Research Model. In: Advances in Entrepreneurship, Firm Emergence, and Growth, Vol. 2, hrsg. v. Jerome A. Katz und Robert H. Brockhaus Sr., Greenwich, Connecticut, S. 175–224.

Stevenson, Howard H./Jarrillo-Mossi, Jose Carlos (1986): Preserving Entrepreneurship As Companies Grow. In: Journal of Business Strategy, Vol. 7, No. 1, S. 10–23.

Teach, Richard D./Tarpley, Fred A./Schwartz, Robert G. (1986): Software Venture Teams. In: Frontiers of Entrepreneurship Research, 1986 – Proceedings of the 1986 Babson College Entrepreneurship Research Conference, hrsg. v. Robert Ronstadt, John A. Hornaday, Rein Peterson und Karl H. Vesper, Wellesley, MA, S. 546–562.

Teal, Elisabeth Jane (1998): The Determinants of New Venture Success: Strategy, Industry Structure, and the Founding Entrepreneurial Team. Dissertation Submitted to the Graduate Faculty of The University of Georgia, Athens, GA.

Timmons, Jeffrey A. (1986): Growing Up Big: Entrepreneurship and the Creation of High-Potential Ventures. In: The art and science of entrepreneurship, hrsg. v. Donald L. Sexton and Raymond W. Smilor, Cambridge, MA, S. 223–239.

Timmons, Jeffrey A. (1994): New Venture Creation – Entrepreneurship for the 21st Century. Homewood, IL.

Timmons, Jeffrey A./Skinner, Susan (1984): The Route 128 One Hundred. (Working Paper, Babson College, Wellesley, MA).

Tjosvold, Dean (1995): Cooperation Theory, Constructive Controversy, and Effectiveness: Learning from Crisis. In: Team effectiveness and decision making in organizations, hrsg. v. Richard A. Guzzo, Eduardo Salas and Associates, San Francisco, CA, S. 79–112.

Tuckman, Bruce W. (1965): Developmental Sequence in Small Groups. In: Psychological Bulletin, Vol. 63, S. 384–399.

Unterkofler, Günther (1989): Erfolgsfaktoren innovativer Unternehmensgründungen: Ein gestaltungsorientierter Lösungsansatz betriebswirtschaftlicher Gründungsprobleme. Frankfurt am Main u.a.

Vesper, Karl H. (1990): New Venture Strategies. Englewood Cliffs, NJ.

Vyakarnam, Shailendra/Jacobs, R. C./Handelberg, Jari (1997): Formation and Development of Entrepreneurial Teams in Rapid Growth Businesses. (Working Paper, Nottingham Business School, Nottingham, UK/Transitions, Cambridge, UK/Helsinki School of Economics, Finland).

Wanzenböck, Herta (1998): Überleben und Wachstum junger Unternehmen. Wien.

Watson, Warren E./Ponthieu, Louis D./Critelli, Joseph W. (1995): Team Interpersonal Process Effectiveness in Venture Partnerships and its Connection to Perceived Success. In: Journal of Business Venturing, Vol. 10, No. 5, S. 393–411.

Wiendieck, Gerd (1992): Teamarbeit. In: Handwörterbuch der Organisation, hrsg. v. Erich Frese, Stuttgart, Sp.2375–2384.

Willard, Gary E./Feeser, Henry R./Krueger, David A. (1990): In Order to grow must the Founder go? An Empirical Test of conventional Wisdom. Frontiers of Entrepreneurship Research 1990 – Proceedings of the 1990 Babson College Entrepreneurship Research Conference, hrsg. v. Neil C. Churchill, William D. Bygrave, John A. Hornaday, Daniel E. Muzyka, Karl H. Vesper, William E. Wetzel Jr., Wellesley, MA.

WISU (1995): Bill Gates: Vom Turnschuh-Unternehmer zum Quasi-Monopolisten. In: Wirtschaftsstudium, 23. Jg., S. 562–563.

Wynarczyk, P./Watson, R./Storey, D. J./Short, H./Keasey, K. (1993): Managerial Labour Markets in Small and Medium Sized Enterprises. London, UK.